不倒燈塔

VHY

NOBL

HYG

自序

記得在 2007 年左右，有朋友説她的上司在 2003 年沙士襲港期間，一舉買入了數個淘大花園單位。當時香港樓市跌至谷底，而且淘大花園是疫情重災區，價格又比市價再低一截。到了 2007 年，香港樓市反彈，淘大花園的問題又雨過天青，因此朋友的上司大賺了一筆，基本上已經財務自由。

大家討論投資，通常都會聚焦這類故事：某位投資者原本是普通人，但是獨具慧眼，在關鍵時候一注獨贏，因此就發財了。故事情節其實和武俠小説差不多，都是條件普通的主角忽有奇遇，所以特別吸引眼球。這類故事聽得多了，發掘獨贏機會，就像尋找失落的武功秘典一樣，成了大家的理財目標。

其實燈神也是這個文化背景的產物。因為大家都在追求能贏錢的「冧把」，因此有評論人的看法錯了，「冧把」表現自然反向，大家都會特別有印像。但部分燈神可以長期繼續評論，看法錯了也沒有怎樣影響他們。

就算是上述的朋友上司，其實我們也不知道他的具體狀況。在入市淘大花園之時，他有多少總資產？如果看法錯了，疫情時間延長，又或者隨後經濟反彈乏力，他是否有足夠財力，一直持有這批單位？簡單而言，風險管理就是當真的做了燈神，投資者有什麼應變計劃。

應變計劃離不開後備財力，因此傾盡財力去買淘大花園只是豪賭。但如果淘大花園的佔比太少，就算贏了也不會改變投資者的財政狀況。在傾盡財力和完全玩票的兩個極端之間，就存在平衡點，進取投資輸了不會影響整體穩健，但贏了仍然會大幅改善投資者的財政狀況。

近幾年坊間開始多討論「啞鈴組合」，靠同時持有穩健和風險倉位來爭取回報，前作《息賺秘笈》亦有提及。這幾年，筆者有幸再度長期近身觀察不同類型的投資者，包括一些尚有雄心，想要壯大資產規模的家族辦公室。筆者發現，就算他們沒有聽過「啞鈴組合」，實際的組合配置都往往暗合該理論的邏輯。

繼續研究他們的持盤，就會發現這些互不認識，各自獨立運作的投資者，除了「同時投資穩健和風險資產」之外，還有不少類似想法。這些想法或者屬於趨同演化，是大家面對類似環境所發展出來的共識。醫生做手術，自然追求百分百的成功率，否則就損害了病人健康。但是投資涉及預測未來走勢，不單無法保證結果，甚至要接受一定的失敗率。

因此，如何在整個組合的層面降低整體風險，達到看錯市也不影響整體穩健，就是這些投資者共同面對的壓力。只有做到「燈而不倒」，才能持續投資，一直增長。

楊書健
2024 年 3 月

目錄

第三章 燈塔的增長・尋找樓梯盤

第四章 操盤實例・散戶也可不倒

本章重點

- 經常看錯市的評論員，被稱之為「燈神」。
- 持有的投資組合行穩致遠，長遠不倒，可稱之為「燈塔」。
- 「燈神」與「燈塔」之別在於資產配置，八成穩定的基石盤，加兩成高度集中的樓梯盤，是大型機構投資者的策略基礎，散戶從中領略，不必複雜，也可砌出自己的不倒組合。

第一章／燈塔贏燈神・長勝的思維

1.1 冧把只是投資初階

相信大家身邊都有一些「致富傳奇」，本來是和大家差不多背景的散戶，投資某證券之後幾年，忽然變成了財務自由。那麼這些致富路徑有沒有共通點？就由以下幾個案例開始吧。

在2008年至2009年的金融海嘯，許多金融機構的股價在危機中下跌至只餘5%到10%。不過，海嘯在2008年9月才爆發，比較幸運的從業員由於上半年業績理想，當年的獎金仍然正常，因此他們根據海嘯股價而計算的股票獎金，以股數計是平常的好幾倍。之後幾年，這些大公司的中高層員工或者因為辦公室政治等原因，一直沒有賣掉持股。因此，到了2021年的大牛市，股價回到正常估值，再加上10年經濟增長而帶來的盈利增長，有些人的持股股價便增長了10倍以上。

另一案例是關於一位年輕記者。據說她在剛畢業後不久就遇上了領展（00823）上市，深入研究過之後就固定地將月薪的大約30%做月供。而且，她還將股息再投資，一直累積領展股份。經過十餘年的時間，她的領展倉位增長到單算股息收入，也超過了她的正常收入。因此，她在35歲之前就辭去了常規工作，投身她一直想做的志業。

這樣的結果需要持續的投資和耐性。領展上市的資產組合是公屋商場和停車場，佔了當時全香港所有零售地產約10%的面積，是罕有的競爭優勢。因此，除了穩定的股息收入之外，當時的領展也帶來了每年增長的憧憬。但是房託增長再快，也及不上科技股一旦成功的爆發力。因此，與其聚焦誰是下一隻領展，倒不如學習她的恒心。

靠恒心跑出也不只這位記者朋友。筆者很早期的一位家族辦公室客戶表面上是靠創業致富，不過他們的企業一直沒有上市，生意的客戶群也有自然限制，生意穩定但擴張機會有限。因此在正常狀況下，客戶一家當然也會衣食無憂，但資金池也不會累積到需要考慮設立家族辦公室。

客戶的家族生意在七十年代尾開始上軌道，能夠累積到年終盈利。但是大家長説這階段有如手推車上山，只要一鬆手，手推車就會倒行，因此他大部分的精力仍花在企業營運之上，未有餘暇思考投資。當時大家長擔心企業狀況未穩，眼前的年終盈利只是個別年份的幸運，企業隨時會再需要資金支援。因此頭幾年的盈利不能亂花，需要保留為應急錢。

但應急錢也需要賺錢，所以大家長就在每年年底買入滙豐(00005)，一方面有些股息收入，一方面在有需要時候亦可變現應急。幸運地，這家族企業持續增長了十餘年，因此大家長每年都有盈餘買入滙豐。七八十年代的香港經濟暢旺，滙豐股價一直增長，因此到了大家長考慮退休的時候，這個倉位的總值已經超越家族企業十餘年來盈餘總和的5倍，每年生息亦超過本業所產生的盈利。

我們接觸這個家族是大家長退休後又再十幾年的事。原來的本業改由兒子掛帥，雖然市況所限，增長有限，但仍有穩定的盈利。本業盈利再加上滙豐所生的股息，家族慢慢投資其他藍籌股，到了我們第一次分析他們的持盤時，滙豐在投資組合的佔比已經攤薄到3成左右。但是大家長亦非常清楚解釋了，他們家族由純粹財務自由到「算是有錢」，早年長揸滙豐功不可沒。

接下來我們換一個反面例子。據聞有位投資界前輩買了特斯拉（Tesla, TSLA）當年首批運來香港的Model S，並對該車的駕駛體驗非常滿意。於是他稍作分析後就買進了特斯拉的股票。然而，他視特斯拉為風險盤，價格上漲後就賣出了股票。歷年來，特斯拉的股價上上落落，他幾次炒賣，每次的收益都有20%。從表面上看，這似乎是不錯的成績，但如果他從買車的時候一直持有股票到現在，那麼他的回報已經是原來的十幾倍。

畢非德（Warren Buffett）數次討論自己的長揸股票大法，真正令他由小富變成巨富的，其實只是10隻股票，就是現在他的十大持股。因為「我們的首選持有期限是永遠」，挑選優質企業，長期持有股票，以待盈利增長帶來的股價上漲。例如可口可樂（Coca-Cola, KO）就能長期維持市場地位，吸引了一代又一代的消費者。又因這些龍頭股票增長率稍高又能長期維持，複息效應下，愈後來增長金額就愈高。這就是所謂的滾雪球效應，是本書策略所訴諸於的主要論述。

以上幾個例子除了處於艱苦時期的特斯拉之外，都是一些很大路的股票：國際大銀行、香港最大的房託、可口可樂一類品牌卓越的股票。香港人見到分析師，流行「問冧把」，希望能找到好的投資機會。但是根據我多年觀察，當然也有人是買爆升股而致富，但他們都往往有特殊際遇，集合了某種天時地利人和。

更多人致富只是買了大路行業的龍頭股，持股10年以上，靠龍頭企業的業績增長帶動股價上升。因此，「問冧把」的答案其實不難，身邊每天接觸的大型企業都是合理標的。本書後面還會介紹指數ETF，進一步消除了個別企業的影響，靠經濟長期增長帶來回報。

有了標的之後，如何落實才是重點。前面特斯拉的例子就説明，選中了爆升股，在爆升初期出售，整體回報也不會好。相反，這幾年全球加息潮，股票表現大多不理想。如何在這種以年計算的低潮期，保持投資紀律亦是大難題。因此，本書的重點是在有了「冧把」之後，投資和操作流程的想法，以真正落實長期回報。

第一章的討論，最普遍的反彈就是表面上看似太容易。所謂「光棍佬教仔，便宜莫貪」，就是説在商業世界之中，每賺一元都要考慮為什麼別人會讓你賺這筆錢。這類長揸策略，是以時間值賺回報，就是因為投資者讓經濟和企業以時間產生經濟價值，從而變成回報。

但是容易解釋的投資策略也不等如操作簡單，本書的策略最難的反而是心態，在以年計的長度之下，能夠毋忘初衷，堅持策略，才可以順利完成計劃。

具體案例一：2023年的贏家策略（穩定派）

無論是客戶、友好家族辦公室、以及保持聯絡的基金同業，2023 年表現良好，到了12月初就能「笑着準備聖誕旅行」的投資者，都離不開兩個策略，剛好印證了孫子的「善守者藏於九地之下，善攻者動於九天之上」。藏於九地之下的，一整年都默默收集現金流，要麼持續增持穩定的公用股和房託等生息工具，要麼努力還債，降低槓桿率。就算持股股價下跌，因為股數增加或債務減少，總資本還是上升了。

以最簡單的例子，電能實業（00006）在 2022 年股價為 42.5 元，到了2023年11月股價在 40元左右徘徊，下跌了 5%。但在 2023 年電能實業派了2.78元的股息，因此帳面上已經沒有蝕。在帳面未蝕之外，兩個策略亦以不同方法，進一步改變了倉位健康。

第一種是股息再投資。這個方法特別適合散戶，因為操作簡單。如果企業有股息再投資計劃，只需要交回表格，企業就會以股代錢派發利息，還經常會有少量折扣。如果企業沒有這類計劃，散戶也可以在拿到股息後，直接在股市購買同等金額的股票。當然股息除以股價，通常都會有碎股，當年先母就會從家庭開支的帳戶之中，再添一千幾百元湊合成完整一手。

下圖的例子，假設投資者在2022年持股一萬股，因為每股派息2.78元，派息額就是27,800元。不算入增撥資金到下一手整數，這筆派息能買695股。假設投資者在派息的5月和8月買入股票，在11月底股票價值有427,800元，還有0.66%的正回報。

股息再投資例子

電能實業（00006）

	2022年底	2023年11月	2023年12月
持股股數	10,000	10,695	10,695
股價	42.5元	40元	44元
倉位價值	425,000元	427,800元	470,580元
每股派息 (2023年中)	2.78元	2.78元	2.78元
派息額	27,800元	29,732元	29,732元
折合股數	695		
回報		**0.66%**	**10.72%**
倉位股息增長		**6.95%**	**6.95%**

更重要的是電能實業明年能維持派息是個合理預期，當持有股數上升了，假設派息一樣，股息就增長至29,732元，以倉位為單位計算，明年派息增長就是6.95%。電能實業過去幾年都沒有改變派息，因為香港經濟正在轉型，這造就了股票弱勢，但這刻以股息再投資，效果也許更好。

另外，在經濟較暢旺的時候，企業如果能做到每年4%至5%的股息增長，加上我們以股息再投資，要做到10%至12%的倉位股息增長並非難事。根據七十二法則，單一倉位能以12%增長

6年，股息收入就上升一倍，增長12年就會上升4倍。因為這些股票特別值得長期持有，所以我們會在第二章特別討論能連續增加派息25年以上的股息貴族。

至於另外一策，則散戶未必應該輕易參與。機構投資者往往都會舉債增加回報，在2023年則有不少客戶都決定了加速還債。決定加速還債，主因當然是看不清後市。還了債後市況不順，股價下跌的話，槓桿率不會變成過高，債務成本亦會下降。還了債後市況回暖，機構投資者亦可再增加債務，進行新的投資。長期而言，以5年或7年時間還清融資舉債，就有如我們散戶還清按揭，資產就歸客戶所有了。

我們還是以電能實業做例子。假如投資者持有一萬股，平常是維持3成槓桿率的話，在2022年底就有425,000元的倉位和127,500元的舉債，淨持倉是297,500元。正如前述，在2023年投資者收到27,800元的股息，扣除借貸的利息成本後，投資者有22,700元的淨現金流。以此還債的話，到了11月底的執筆之日，借債額就還剩104,800元，就算股價回跌，淨持倉仍有295,200元，回報是負0.77%。

雖然在這個例子，明年的股息不會自動增長，但是因為借債減少，利息成本亦降低，因此明年的淨現金流亦會上升 4%。而且借債減少，槓桿率下降了，組合也變得更穩健。所以投資組合的體質也算提升了。

股息還債例子
電能實業（00006）

	2022年底	2023年11月
持股股數	10,000	10,000
股價	42.5元	40元
倉位價值	425,000元	400,000元
借貸 (以倉位三成計算)	-127,500元	-104,800元
淨持倉	297,500元	295,200元
每股派息 (2023年中)	2.78元	2.78元
派息額	27,800元	27,800元
借貸利息 (以4%計算)	-5,100元	-4,192元
淨現金流	22,700元	23,608元
倉位債後回報		**-0.77%**
倉位股息增長		**4.00%**

這兩個例子，一個是散戶完全可以複製，另一個則不宜亂抄。但是大家都只是在電能實業這隻最沉悶的「冧把」的基礎之上，加入了一層組合策略，就可以改變了全年結果。現實中我們見到的穩定投資組合，不少都是以類似的沉悶股票或指數基金為基礎，2023年的回報也在這負10%至正10%的區間。

具體案例二：2023 年的贏家策略（增長派）

動於九天之上，就離不開2022年第四季美股科技股大跌時候入市，於2023年靠着科技七雄暴升而帶動了整體業績。不過，雖則美股指數也上升，但其實科技七雄帶動了不少。有前輩在夏天見到七雄升幅太大，就換馬到其他美股，希望能再靠「炒落後」而受惠。但這些「美股493」(七雄以外的其餘標普500企業) 下半年表現卻又未如理想，前輩的全年業績反而及不上2022年中按兵不動的一群。

科技七雄上升，最表面的原因當然是過去30年的科技革命令經濟愈來愈靠科技推動。另外，資訊業存在網絡效應，網站愈多人用，對用家的價值愈高，因此進一步吸引更多的用家。而且邊際成本甚低，服務一千人和服務一萬人的企業成本不會相差太多，因此科技企業只要在某一領域做得最好，就自然會吸引絕大部分的客源，形成寡頭競爭，當然利好股東。

但上面的原因是長期通用，也沒有解釋為什麼在2023年的高息期，七雄表現會遠勝於493以及其他大部分股市。央行調高利息的理論根據是提升企業的資本成本，企業就會減少投資。例如，某企業在低息期也許資金成本是6%，那麼只要潛在回報率超過6%的項目，企業都可以投資。但如果高息期的資金成本上升至10%，那麼潛在回報率介乎6%至10%的項目就不再賺錢，企業就會放棄。

另外，但凡地產和基建等資本密集的項目，經常以債務融資進行。企業的債務成本亦會隨着央行利率上升而上升，增加了企業的現金支出。這會進一步減少企業的投資意慾。投資數目降低了，市場整體需求下降，價格壓力得到舒緩，通脹率也就隨之回落了。

在工業主導經濟的年代，大企業的工業產值亦與投資額掛鈎，因此高息期除了降低PE值（本益比率）之外，亦會降低企業的盈利增長率。但是科技七雄除了賣車的特斯拉之外，其餘六雄都不是資本密集。就算是特斯拉，現時願意持股的都在盼望它能成功攻破自動駕駛和機械人兩個 AI 技術，亦都不算是資本密集作業。

科技股最大的成本是工資，甚少會資本化，也因此不靠債務維持。而且根據《人月神話》所言，其實工程師團隊再加員工，也不會影響科技突破的速度。因此，高息期之下，科技股的投資計劃也沒有受到干擾，而且順勢精減人手，也不見得會影響研發速度。因此，雖然2023年中有炒作 AI 等説法，但除此之外，市場也發現七雄的業務其實受利率影響甚少，所以反而比傳統企業更安全。

科技七雄是投資樓梯盤的好例子。投資樓梯盤，目的就是要該倉位的表現大幅優於大市，否則就回到基石盤，靠累積時間取勝好了。因此，投資樓梯盤的初心就是要找到特殊優勢，因此不會多。2023年七雄齊升，其實已經是特例。一般而言，能找到兩三隻已經不錯。本書的策略就容許投資者持有兩三隻樓梯盤，因此必須無寶不落。

1.2 燈神如何看錯市？

香港人經常稱呼看錯市的人為「燈」，起源應該是指賭場裏總有一兩名賭客氣色不佳，卻又硬要繼續賭博，每次皆輸。因此只要專買該賭客的對家，就可以憑對方的衰運而贏錢。這也許是迷信，但是一直發展，「燈」就變成了動詞，指分析看似合理，卻反而將事情推到相反方向發展。經常講多錯多的股評員或KOL，燈力強勁，就變成了「燈中之神」，也就簡稱為「燈神」了。

被稱燈神，當然不會好受。但部分燈神卻一直繼續公開分析，甚少從此消失。有時候，這是因為成為燈神所帶來的曝光已經帶來了好處。潛在燈神以大膽預測來吸引眾人注意，從而獲得更多的關注和追隨者。

如果在財經界，廣受關注的板塊，可能會有多達十幾位投資銀行分析師，都負責分析同一批股票。是自然發展也好，是為了爭取目光也好，他們當中總有人會演化成「長期牛」和「長期熊」，看法長期處於光譜的兩個極端。但只要他們的分析合乎邏輯，對基金經理仍是很有用的資訊。因為如果自己看法忽然和「長期牛」或「長期熊」一致，那麼就要仔細考慮現時市況是否好幾年才出現一次的大牛市或大熊市。

此外，燈神錯誤亦可以牽涉證券的到期日。例如期權或期貨等，每張合約都有到期日，而該天的收市價就主宰了期權的結果。因此，看中了方向，但股價在到期日後才有所反應，投資一樣會輸。沒有到期日的證券，亦可以因短期波幅而出現狀況。例如孖展倉被斬，就算事後股票急速反彈，原來的投資者亦不會受惠。

到期日失誤，往往是源於燈神的預測方向正確但時間錯誤。例如特斯拉行政總裁馬斯克（Elon Musk）經常無法估計特斯拉完成項目的時間，例如全自動駕駛（FSD）他已經連續好幾年說「今年會成功」。但是不少他所倡議的科技，例如電動車和可回收火箭等，又的確最終能達陣。因此特斯拉的非正式口號已經變成了「將不可能變成遲到」，市場也逐漸接受他們在技術攻堅，準時交功課的機會率很低。

「不可能」和「遲到」的差別，對投資者的影響主要在於投資者的操作策略。假如投資長期持有股票，發展遲了一兩年才出現，結果還是正面。但是如果相信馬斯克或其他燈神所說「今年就會成功」，因而買了特斯拉的相關輪證，期望靠他的攻堅成果短炒賺錢，就往往期權到期還未見到科研成果，就白白輸錢了。

這兩個情況的共通點，就是長期方向看中也好，制度上的死線也可以招致損失。廣東話常說「淡定有錢剩」，說的就是愈急需贏錢，往往結果輸得愈多。不少人贏錢都贏在「無心插柳柳成蔭」，有時也許是富豪自謙說詞，但那種持倉時候的悠然心態，又的確值得留意。

《孫子兵法》有一段是「故我欲戰，敵雖高壘深溝，不得不與我戰」;「我不欲戰，雖劃地而守之，敵不得與我戰」。能夠掌握主動權，在自己有利的時間和地點交戰，是用兵重點。面對市場，投資者當然是小，但又因為市場每天都交易，主動權原本是在投資者手裏。因為孖展、輪證等工具，將投資結果和某一時點強行掛鈎，就是放棄了主動權，因此燈了就會輸了。

因此，燈神看錯了短期市況也好，如果長期看法沒有錯，其實亦不會輸。如何能將長期看法化成投資回報，其實就是投資組合的策略。

1.3 燈塔策略達致不倒

以前拙作有提過「啞鈴組合」，建議投資者同時持有最保守的生息證券和有風險的高回報倉位。筆者長期處理機構級的地產投資，看到的啞鈴組合就是機構投資者同時持有收租的核心資產和求迅速升值的機會投資，例如重建、加建等項目。本地則以九十和千禧年代的長江為例子。當年長江一邊營運收租物業、民生零售、基礎建設等擁有穩定現金流的生意，再以現金流投資地產開發以及當年是新科技的 3G 手機業務。

啞鈴組合策略以戰養戰，保證投資者一直有新生現金，可以繼續投資風險生意，避免了半道中途因為後勁不繼而需要放棄。就算真的完全看錯了經濟發展，需要關閉整盤風險生意，原來的現金流仍然穩健，投資者整體實力得以保全。

這個想法當然和「豪賭派」創業家南轅北轍。當年馬斯克出售了 Paypal，就將絕大部分資本投入特斯拉和 SpaceX，結果兩家公司都一度瀕臨破產，不過近幾年兩家公司都成功研發了各自的關鍵技術，單算已經上市的特斯拉股價，已經足以將馬斯克變成世界首富。

事後再看他或其他類似創業者的故事之所以會變成英雄事蹟，就正是因為這類一贏再贏的故事非常罕有，馬斯克贏了，背後就有十個二十個豪賭派的輸家，最終輸了一場戰役就打回原型。筆者有遠房親戚，生意一度大到要「坐在李超人對面直接談判」，但一直沒有累積基石盤，一次亞洲金融風暴令企業翻了艇，他也再累積不了投資實力。

豪賭派甚至性格使然，喜歡處身於破產邊緣，才能激發出他們的潛能。對我們絕大多數人來說，這種豪賭根本毫無必要。近年筆者觀察了好幾位機構或半機構級的客戶，看法和燈神們相差不遠，卻是長期燈而不倒，投資結果仍然不俗。再分析他們的投資組合，就往往深得啞鈴組合的要訣，擁有強勁的現金流。而且，他們之間應無交往，但是投資組合都有一定的共通點，似乎是趨同演化。以下就是幾個主要特徵。

1. 他們的穩定資產往往佔了總資產的七八成。這些資產可以是債券、藍籌股、包括房託在內的地產、及其他產生穩定現金流的資產。近年更流行投資指數ETF。這些穩定資產，是整個策略的基礎，我們可稱之「基石盤」。

2. 他們最集中管理的是現金流，而現金流就來自於上述基石盤以及其他例如非上市企業和本地地產資產等家族生意。當然這要扣去家族生活成本、辦公室營運成本、乃至借貸利息等現金流支出，而剩下的淨現金流就是新增的投資資金。服務他們時間一長，就發現他們最關心的數字是這層淨現金流的每年增長率。

3. 他們亦有各類高風險投資，例如可能爆升，但亦可能會暴跌的股票。每個風險倉位都是以每年淨現金流的倍數思考，而且總數往往只有兩三隻。因為穩定持倉能生4厘、5厘現金流，所以兩年淨現金流就是8%至10%，同時持有兩三隻就是總資產兩成的持倉。

   這部分的倉位，本書稱之為「樓梯盤」。

值得留意的是筆者看到的趨同演化，不單單指「以穩定現金流養活風險倉」，更指這個「八、二比例」是很常見。這有一定的道理，因為如果風險持股爆升，做到了「十年十倍」，總資產的增速亦可以增長3倍以上。例如附圖假設了投資者的穩定基石盤以每年 8% 增長，是全球指數的長期平均回報，而風險倉位做到了3年翻倍，10年8倍多的回報，則10年後的總資產有3.4倍。這就有如燈塔，先有穩定的基石盤抵抗風浪，然後再靠塔頂的射燈登高望遠，拓展成果。

八二持盤的10年回報

	今年	10年後 看中市	10年後 看錯市
基石盤	800,000元	1,727,140元	1,727,140元
假設每年增長	8%		
樓梯盤	200,000元	1,718,885元	0元
假設每年增長	24%		
總資產	**1,000,000元**	**3,446,025元**	**1,727,140元**

一旦真的看錯了市，某隻風險持股破產歸零，投資者損失的也是兩年的收入。以10年回報來看，仍能靠穩定倉位滾存成 1.7倍，保證了投資實力長期穩定。輸了戰役，卻沒有輸掉戰爭，就是這些投資者和豪賭派最大的分別，是他們可以燈而不倒的要訣。

畢非德自 1957 年開始的約10年，在他入主巴郡（Berkshire Hathaway Inc, BRK）前的基金運作。他亦是先持有一些穩定、大路倉位，然後靠尋找「處於變數」的股票。所謂處於變數，後來由其他投資者演變成完整的資源轉換策略，後面我們會詳述。但是他的這些變數倉位，往往都是總資產的兩成左右開始，不過當年監管較少，他就會容許這些倉位在兩三年的持股期之中，暴升至總資產的三四成。這和上述的八二比例的邏輯接近。

現代投資理論講求專注，因此現代的對沖基金未必會做這樣的八二持盤。但背後原因是投資者希望自行投資基石盤。例如，一間家族辦公室可以投資2,000萬到一家專營資源轉換的對沖基金，然後再投資8,000萬到指數ETF。這樣一來他們還是八二持盤，但是8,000萬基石盤就不需要負擔對沖基金的收費了。

但個別有些對沖基金，例如長短倉或期權期指倉，長倉減去短倉的淨倉位金額不大，但仍需有資產去支持他們的槓桿。因此，他們向投資者集資後，亦會建立指數ETF的穩定倉，再靠穩定倉的孖展倉去營運他們的策略。例如集資一億美元後，他們就會買一億美元的標普500指數ETF。這一億元的ETF，也許可以借出5,000萬的孖展，那麼這家對沖基金的風險倉位，就可能會買到3,000萬元。

自然，散戶不宜直接複製這種長短倉策略。不過，還是可以借鑑這種以基石盤養樓梯盤的融資策略。

1.4 本地機構投資者的演化

傳統機構投資者，當然首先論及退休基金、主權基金、大型慈善基金、大學營運基金等，動輒以10億美元計算的大型投資者。這些投資者有眾多受益人，而且往往由政府成立，交由專業人士管理，因此必須有整套營運機制，和散戶的投資方式完全不同，能直接借鑑的也許不多。當中最重要的，也許是傳統機構只需要滿足存在目的，例如退休基金必須派出已經承諾的退休金，因此在財政穩健的時候，其實真的沒有誘因多賺回報。

但近年興起的家族辦公室，受益人只是家族成員。而且在初代的時候，創業的大家長仍能掌控發展，就可以兼取傳統機構的穩定建設，又維持適當的增長投資，爭取進一步壯大家族資產。菲律賓公務員退休金的董事會不會有意欲挑戰加州州立退休基金的投資規模，但是家族辦公室或多或少都會幻想有沒有可能，某一天能變成本地首富。雖然資產額仍超過散戶百倍、千倍，但是大家的初衷接近，反而更值得借鑑。

以前家族將資產注入信託或公司之中，目的不外乎是處理長遠分配、獨立慈善活動、還有降低稅負。但是香港稅制簡單，尤其是資本增值不抽稅，省稅的需求就遠較海外少。但香港人都喜歡買樓，到了家族辦公室級別，持有的住宅、商廈、零售單位不會少，就需要有人幫忙收租。單是每月確定50個單位都有交租，再確定按時支付按揭差餉等支出，處理租客要求、小型裝修等，已經是一份全職了。

而且，如果投資者已經脱離本業，亦可能想聘請秘書幫忙管理庶務。十幾年前，筆者曾為公司未上任的行政總裁面試行政助理。問起對方的特殊技能，第一位應徵者説她會幫忙養馬，由處理練馬師關係到打點馬房她都在行。第二位則説她會管理遊艇，並即時如數家珍的説明每年三四月要清理船底、什麼月又要維護機件、隔幾年又要送入船塢維修等。第三位比較接近金融需求，則説她長期代上司處理不同國家的資產，願意深夜致電倫敦紐約傳達指示。家族辦公室也許也會需要類似的行政助理。因此，筆者見到的初始家族辦公室，只是集結了處理實體資產、行政助理等工序，和投資決策關係不大。

首先納入專業管理的家族辦公室，也許還是一眾著名基金經理。例如畢非德入主巴郡後，就將旗下基金所持有的巴郡股票派發給投資者，取消了基金原有的合夥結構。巴郡雖是上市公司，但是沒有直接營運業務，就算是全資子公司都會有獨立管理團隊。巴郡有員工十餘人，職責都是支援畢非德及其他投資經理，以及處理因為持有資產而來的各種庶務。因此，在職員體制而言，巴郡更像一間你我都可以入股的家族辦公室。

索羅斯則保留了基金公司的基本架構，但將第三者資本都發還給基金投資者，基金公司連同原有團隊就只服務索羅斯自己的資金。畢非德和索羅斯其實是分拆了「基金集資」和「專業投資」兩個工序，以原來的經營策略經營自己的資金。各地政府規管基金業務，主要是要監管基金公司集資再投資第三方資金的業務，以確保基金公司認真執行受託人責任，保障第三方投資者的利益。有人建設類似團隊，但是沒有向外集資，監管就簡單多了。

有位本地前輩也做了類似的轉型，他就說經歷了幾個階段。首先是發現自己的資金累積到一個階段，不統一管理就會經常出現甩漏。尤其某次跌浪他發現幾星期的帳面虧損，已經超過自己10年的工資。再加上現代基金業的作業守則，要求基金經理的自有資金也要有一定的透明度，以避免公器私用的嫌疑。因此他就將自己的資金組成了一個組合，再正式交付公司，成為「關係人客戶」，一方面由公司監察一切交易都合法合情合理，一方面亦以公司的原有作業模式經營自己的基金。

經營自有資金，總回報就是自己的收入，而經營別人的資金，只有管理費是公司收入。因此，假如自有資金能回報10%，而基金管理費是0.5%，就要第三方資金比自有資本大20倍才能產生同樣收入。而且這還未計入維持一間基金公司的時間和金錢開支，所以第三方資金實際上要比自有資金大50甚至100倍，才能產出類似的盈利，令公司有意義維持持牌業務。所以又再過了幾年，前輩發現維持第三方資金「高於自有資金幾十倍」有一定難度，而自有資金又開始穩定，就決定放棄管理第三方資金的業務。至此，前輩的公司就剩下一個客戶，就是自有資金了。

這些故事對散戶的最大啟示，就是現代的家族辦公室其實就是將自有資金看成「獨立」客戶，正常客戶合理期待的各種分析、數據報告、決策流程等，都應該用於自有資金之上。就算本書後面的實際投資策略都需要時間消化，單是改變了心態，開始以監察基金的方法監察自己的資金，每季自行計算總回報率，分析一下什麼倉位賺錢，什麼倉位虧蝕，其實已經掌握了有效資訊，可以改善組合，令回報好轉。

當然，換成基金心態，也會自然改變投資策略。不過，家族辦公室將策略制度化也經歷了幾十年的演化。例如，八十年代有套電影叫《橫財三千萬》，反映在那個年代3,000萬已經是一筆鉅款。但在那個時空贏了3,000萬，其實可以投資的工具不會多。那時候，投資海外不容易，香港股市的選擇也比現在少，而且當時香港經濟總量偏小，物價又遠較現在低，因此不少企業的市值都只是以千萬元或億元計算。最明顯的例證就是就算此刻香港的上市最少要求也是3年內盈利5,000萬，因此以20倍市盈率計算，幾億元市值也算合理。

橫財就是意外所得，因此3,000萬是單次所得，不像聚沙成塔式的儲蓄，有時間逐漸建立倉位。對幾億元市值的企業而言，3,000萬已經是10%的股權，忽然出現這個規模的買盤，必然會引起現有管理層的注意。就算投資者沒有意願挑戰管理層的控制權，管理層還是會擔心控制不穩。而投資者也會擔心能否公平分享企業的運營成果，很少願意不聞不問，做單純的「靜默股東」。所以，要建立理想的股東關係亦不容易。

所以，假如投資者不想入主營運，大部分人的選擇都是買藍籌股或地產。事後看來，這兩個選擇都應該做得不錯，但其實回報之中，大部分還是基於經濟增長，而藍籌股當時得令，是經濟成長的受益者，因此長期回報就不錯。但這種投資策略的理論基礎，還是基於每一隻持有的藍籌股能維持競爭優勢，穩佔市場地位，因而令盈利逐步增長。

後來出現了各類全球基金，筆者也是受益於這個趨勢才有幸入行，投資者可以接觸到海外市場，開始以地域分散投資。另外，由基金經理操盤，理論上就減少了個別企業能否維持競爭優勢的風險，但就換成了基金經理能否駕馭組合的風險。

甄選和管理基金經理，就成了家族辦公室的重要職責。第三方基金盛行的時代，最大型的機構投資者經常是三年一議，決定如何配置資金，例如決定投資5%的資金到亞太房託之上。之後就需要選秀，一般是將幾十家有該業務的基金公司以過去回報、基金規模等數據，篩選至5家左右。然後逐家面試，觀察各基金經理的行業知識等，再選出1至3家來投資。

資金順利投放之後，投資者還需要定期考核基金經理，訪問他們以確保能力未變。在基金公司做中層管理，就經常需要出席會議：假設客戶群之中有10個機構投資者，每家客戶每年做一次公司訪問，就幾乎是平均一個月要接待一家客戶。當然，最大型的機構投資者也許會將這些作業外判給顧問公司，但那就出現了另一層的顧問費用。

不過，時間軸一拉長，基金的整體回報還是建基於經濟成長，因為經濟或板塊基本面良好，一直如預料發展，指數就會升高。基金經理做得好，的確是會跑贏指數，長期累積之下會比單單指數做得更好。但是這最後的1%至2%回報，因為機構投資者要花時間選擇和管理基金經理，基金經理又要維持團隊營運基金，因此成本並不便宜。

到了指數ETF出現後，機構投資者就算不了解當地企業、不熟識當地基金經理，只要分析過當地經濟長期走勢合格，就可以自行投資當地股市。例如，也許20年後人類還未能登陸火星，也許人工智能要花好幾十年才完全改變經濟運作，能夠分析個股來直接投資已經屬於樓梯盤投資。基石盤的心態，就是要維持投資在整體經濟發展，以受惠於這些科技發展對整體經濟的貢獻。因此，現代投資者亦會投資相關經濟體或行業的ETF，當然會跑輸最後跑出的個股，但卻往往跑贏了大部分其他選擇。

由單買藍籌股，到投資第三方基金，再到直接買ETF，投資者的決策過程其實一直簡化。直接買藍籌股，投資者當然要逐隻分析個股；第三方基金則需要分析和監察基金公司和基金經理；到了指數ETF，則只需要分析長期經濟走勢了。至於在心態層面，散戶宜先認識謹慎投資者原則。

現代投資理論的決策原則

機構投資者的投資策略，一般以謹慎投資者原則（Prudent Investor Rule）為基礎。

謹慎投資者進化自謹慎人原則（Prudent Man Rule）。PMR有超過150年歷史，是執行受託人責任時候，如何投資的基本準則。它要求每筆投資都必須謹慎並遵守合理的投資標準，考慮投資風險、回報和資產安全。因此，純粹的PMR基本上是不能投資高回報產品，也缺乏誘因去分散投資到海外。今天如傳統信託等業務都還是以PMR為基礎：有時候見到某名人遺產幾乎全是買了債券，通常就是PMR決策下的效果。

PIR其實算是新思維，濫觴是1992年美國律師會將學界金融系幾十年來的研究化成可以執行的具體標準，再寫成一條模擬法律。這法律後來逐漸為美國各州採納，並慢慢影響美國聯邦政府，再影響了歐洲和澳洲等地的監管法規。PIR最大的創見是機構投資者必須以整個投資組合為單位，靠多元化將組合的長期平均總回報最大化。這背後的理論，源自現代投資論理，在本章的最後一節我們會詳細討論。

因此，PIR亦放寬對個別投資的限制，不會在未顧及投資組合狀況之前，認定某類投資產品必屬高風險。在投資組合已經多元的基礎下，個別投資風險水平較高，反而可以增加投資組合的多樣化和長期回報。這與以前的PMR，強求每一單投資都屬於低風險的投資哲學截然不同。但是正因投資哲學改變，才容許機構投資者參與創投基金、對沖基金，以及高風險私募基金投資，以平衡投資者諸如債券、藍籌股、房託和收租商業樓等低風險投資，提升整體投資回報。

PIR亦接受機構投資人，在完成盡職調查之後，將投資管理工作外判，由獨立第三方的基金經理代為操盤。過去二十多年，全球基金業愈來愈興盛，就是受惠於此。基金經理專注發展投資能力，成為某一市場的專家，擁有比機構投資者更豐富的知識和經驗。故此外判管理業務理論上可以在每一個市場之中，提升回報，從而令投資者的整體回報，進一步提升。

當然，PIR亦繼承了PMR的部分原則，認為投資者必需先清楚描述投資者的目的。每個機構投資者背後都有持份者，故此任何投資計劃都必先決定持份者的需要。例如退休基金就需要每月向退休會員發放退休金，故此退休基金必須清楚描寫每月或每年所需要的現金。另外，大部分機構投資者的目標都是長遠運作，故此保存資產規模亦是謹慎人原則的重點。不少家族基金的首要目標就是保存資產規模給下一代，而下一代的目標，則是保存資產給再下一代，希望達到代代相傳，一直繁衍下來。

PMR vs PIR

	PMR （謹慎人原則）	PIR （謹慎投資者原則）
關注	謹慎性	投資組合整體回報
投資選擇	每筆投資必須謹慎	任何投資本質上 都是謹慎的
多元化	沉默	鼓勵在不同資產類別中 進行多元化投資
第三方幫助	保持沉默	明確允許尋求 第三方幫助
使用該原則的機構	**信託及類似的傳統機構投資者**	**現代機構投資者**

機構採納PMR或PIR，最終都是因為所管理的資金有第三方受益人，負有受託人責任，所以需要管理框架。散戶當然不一定要完全採納這套管理框架，但是分析兩者的分別，卻能了解經過上百年的機構管理之後，原來的PMR最不足的就是要求每一筆資產皆需安全，但卻犧牲了或忽略了整體回報。

我和其他人討論本書的燈塔策略，最保守的投資者會問是否有需要以兩成資金投資樓梯盤。當然，已經退休，而且資本完全足夠開支的投資者的確不一定要投資樓梯盤。但是以PIR的心態觀察，完全不持有樓梯盤亦可能放棄了不需要增加太多風險就可以爭取到的總回報。

另外，更重要的一點是PIR提倡分散投資。本書的基石盤建議多用指數ETF，就是因為對散戶乃至初代家族辦公室來說，用VOO投資美國標普遠較尋找兩三隻美國藍籌股容易。2023年美股、日股反彈，澳洲、歐洲股票牛皮，其他股市表現較弱，因此全球配置的投資者，2023年的結果都不會差。而這正是分散投資的最大得着。

1.5 燈塔思維的現實考量

我在大學教授一課投資組合管理，是該校大四的必修課，一共14課。早年教授該課，發現學生都找不着重點。大三時候他們都學了一學期的「投資與融資」，早已學會單項投資如何估價和計算潛在回報率，期末報告模擬向投資者建議收購某一特定資產，例如某隻股票或某幢商業大廈。因此，在大三他們已經學會了分析師負責的「這項投資是否適合」的範疇。

平常散戶會「問冧把」，則比分析師研究單項投資再進一步，也包括了在幾個合適的選項之中，選出最適合的一項。例如電能實業、長江基建（01038）、中華電力（00002）等都是公用股，同學們大三的課程，主要教授了他們各種工具，分析這幾隻股票的潛在回報率。要在三者之中選擇一隻，最簡單的是選擇潛在回報率最高的一隻。但是基金經理往往有其他考慮，也許要平衡組合的地域比例。電能實業八成以上資產都在海外，如果自己管理的基金已經持有英國和澳洲的股票，那麼電能實業回報率稍高，也可能因為分散地域的原因，而選擇了其他股票。

所以基金經理的職責是「選擇那一隻股票」，而這些決定還是基於股票的現有股價和基本面。到了大四的投資組合管理，討論的卻是長期持有債券、股票和另類資產的平均回報，以及可以如何分散投資這些資產，達致更好的回報。學術派討論投資組合理論，起點都是現代組合理論。不過，對於散戶來説，重點是留意在機構投資領域，學生在「問冧把」之後，還有一整個學期的知識，是學懂了「冧把」之後的事情。

當中最明顯的就是機構投資者在設定任何投資組合之前，都會做「資產-債務配對」，就是先決定機構的支出水平，從而定出回報需求。大部分機構投資者都有特定的服務對象，例如退休基金存在的目的就是向退休會員派發退休金，因此就需要先計算每年開銷。

例如某家退休基金有在職會員1,000人，每月向退休基金供款1,500元；又有退休會員500人，每月收到5,000元退休金。退休基金每年的現金流收入就是1,800萬元，而現金流支出就是3,000萬元，因此每年的淨現金流就是1,200萬元。這1,200萬元就需要由退休基金從投資收入之中撥出。

退休基金現金流計算方式

在職會員數目	1,000	(a)
退休會員數目	500	(b)
在職會員每月供款	1,500元	(c)
退休會員每月退休金	5,000元	(d)
每年現金流收入	18,000,000元	(a) × (c) × 12 = (e)
每年現金流支出	-30,000,000元	(b) × (d) × 12 = (f)
每年淨現金流	-12,000,000元	(e) - (f)

退休基金是否財富穩健，就在乎於有多少總資產。一樣是1,200萬元的支出，假如退休基金的總資產有2億元，1,200萬元就是6%回報。換句話説，退休基金每年賺的首6%，都用以維持基金的成立目的。但如果退休基金的總資產達12億元，一樣的1,200萬元支出就只需要1%回報。

退休基金資產規模決定財富穩健度

	退休基金A	退休基金B	退休基金C
每年淨現金流	-12,000,000	-12,000,000	-12,000,000
總資產	200,000,000	600,000,000	1,200,000,000
要求回報	6.00%	2.00%	1.00%

上面是極度簡化例子，沒有算入會員數目改變、維持購買力的額外回報、資金大規模進出等變化，但最大的啟示就是資本是策略之本。同樣的支出需求但有兩倍資金，回報率要求就減半，整體投資風險就驟然降低。對於大部分人來說，滾雪球最難的就是捍衛第一桶資金，不挪用到買樓買車。當然，購買第一個單位，將租金變成供款是合理投資，但之後每7年、10年搬一次屋，是否需要就要考慮。

畢非德當年搬離紐約，回到家鄉的三線城市，遠離了金融中心的是是非非，生活開支就自然減少。買了自住物業後，就一直住到現在。李嘉誠全城聞名之後，手上仍戴精工表。其他城中富豪亦常有「孤寒」故事傳出。有一位在一眾下屬面前，大罵已經中年的兒子花錢買了份報告，還說：「你以為我們很有錢嗎？」這些生活細節，都幫助他們在剛富起來的關鍵階段，保留最多的實力去進一步投資，才能形成滾雪球效應。

當然，他們的例子比較極端，對大部分人來說，賺了錢永遠不花，賺錢也沒有意義了。不過記得，滾雪球效應的重點是回報率穩定的話，愈後的年份因為基數愈大，賺取的回報就愈高。因此「行百里者半九十」，本書的策略，難的是在中途仍能保持隊型，升市時候不多花錢，跌市時候則繼續堅持。

1.6 現代組合理論和燈塔思維

現代組合理論（Modern Portfolio Theory, MPT）是資產管理的根本，提倡分散投資能有效降低風險和提高長期平均回報。基本而言，當債券和股票等兩個投資選項不是同時升跌，那麼兩者回報就會互相對沖，因此每年組合的回報都會較為穩定。理論最大的貢獻是看到了這樣的複合投資組合，回報波動性較低，但同時間長期回報亦會較單一投資組合為高。

回報波動性風險比較

	組合A	組合B	組合C
首年回報	5.0%	7.0%	4.0%
次年回報	10.0%	8.0%	12.0%
平均回報	7.5%	7.5%	8.0%
兩年複合平均回報	**7.47%**	**7.50%**	**7.93%**

MPT以回報波動性為風險，因此理論所說的降低風險，其實是穩定每年的回報波動。例如，以下兩個投資組合，組合A首年回報5%，次年回報10%，而組合B是7%和8%。大家的平均回報都是7.5%，但在MPT的角度，組合B的波動性較小，就是該理論所定義的較低風險，也就是兩者之中的較佳選擇。

至於組合C是首年回報4%，次年回報12%，因此平均回報有8%，比起組合A和組合B是波動更高，但回報更高。投資者應否選擇組合C，就是MPT體系內一系列模型的重點，幫助投資者按自己的風險胃納和實際需求等因素選擇。另外，兩年的回報可以目測，但年數一多，就要以MPT的模型算式計出波動性和平均回報，將整個決策過程數字化。

退休基金等最大型的機構投資者，監管嚴密，還有明確的受託目標，因此報告傾向頻密而透明。而且所謂「鐵的衙門、流水的官」，大機構的宗旨是不論人事變動，機構還需要營運下去。因此，每季度的帳面回報必須合理，確保機構的長期穩定。能在不太犧牲總回報的前提下，降低回報波動性自然是好事。因此，現代機構投資者，一般都以MPT為策略基礎。

以穩定每季或每年總回報為風險管理目標，對散戶而言也有利。但亦宜留意波動是雙向的，以降低整體波動性為目標，就自然放棄了某些策略。例如科技股一般是「鯉躍龍門，升價十倍」，可能經歷幾年的耕耘期，銀彈逐漸耗盡，股價拾級而下。然後研發成功，突然暴升。大型機構甚少會直接持有這些股票，而傾向交由專項的基金經理負責，在大機構的層面只看到增長基金的綜合表現。八二比例的說法，亦是幫助投資者管控這類風險。

另外，MPT及其體系內的其他理論，還會引伸出幾個值得討論之處。

1. **總回報和現金流**

MPT的基本風險是回報波動，而投資結果則以總回報代表。在純理論層面下，現金回報和資產升值回報是互換的。但這假設了市場交易無成本亦不產生稅負，而且股價準確反映了估值，在現實世界都不實際。例如，假設某退休人士每季需要出售5萬元股票來維持生活，而一年之間，恒指可以一季是14,000 點，下一季已經是18,000點，退休人士要賣的股數就截然不同了。

實際上，投資者的預期支出愈高，維持穩定現金流就愈重要。前述的「資產 - 債務配對」，就是為了確定投資者的預期支出，可以預先基本滿足。

但MPT關注總回報也有道理，因為如果投資組合長期不理會總回報，通脹乃至資產本身的退化亦會逐漸蠶食資本。對此，家族辦公室等新型機構投資者不需要完全執行MPT，會更關注現金流增長速度，總回報則成為了三五年的長期目標。

2. **股六債四還是不需要債券？**

MPT提倡分散投資，而股票和債券因為權益不同，所以表現通常都不太掛鈎。因此，接受MPT的機構投資者都會同時投資股票和債券。以六成股票和四成債券組成的組合，近幾年廣受宣傳，號稱「黃金組合」，就是最標準的機構投資者配置。

不過例如畢非德、羅恩巴倫(Ron Baron)等部分長揸派投資者，就不認同投資者必須長期持債。債券有確定的還款額和利息，企業業績變好，都不會增加債券回報。例如在2023年年報之中，畢非德就討論，如果1990年代他買了10年債，這10年利息收入不會變，但同期可口可樂、美國通運等股票的股息都持續有所增長。因此，10年後債券的本金不變，但他的持股因為股息累積了的升幅，股價亦隨之上升。

債券與股票的對比

屬性	債券	股票
現金流	固定利息收入，投資者可作預期及事前分配	股息收入，理論上可升可降
增長潛力	現金流不會增長，到期後本金亦不會變	如選擇股息持續上升的股票，其增長潛力較大

至於投資者的投資組合應否持有債券，筆者覺得主要是風險問題。持有債券可以穩定投資組合的價值，現金流又更可預測。對大部分投資者來說，就算放棄了部分長期增長亦算值得。而畢非德的情況特殊，因為他不是基金經理，不需要顧及每季淨資產值，而且巴郡不借債，總部結構簡單，沒有太多現金需求，因此他可以接受較大的波動。所以他就不需要債券所提供的穩定收益，只需考慮股票的長期增長了。

3. 分散地域、分散行業但不分散持股

MPT的分散投資是基於不同資產的相關度不高。愈不相關的資產，分散投資的效果就愈明顯。例如香港本地銀行股和美國農業股，相關度當然很低，甚少會齊升齊跌，同時持有兩者就合乎MPT的分散原則。再將例子細分，香港本地銀行股和美國農業股相關度低，一是因為香港和美國分處兩個大洲，就算全球化再快，兩個經濟體的增長也不會同步。二是銀行股和農業股處於兩個板塊，大部分新聞都不會同時影響兩者。例如，某地玉米失收，因而令全球玉米價格大升，當然會炒起相關農業股，但香港銀行股就應該不會因此而有所升跌。

但是如果在同質性高的資產再分散，就會變相買了體質較弱的股票。例如香港房託連同收租股有十幾隻，但是大家的資產值都直接以香港樓價計算。地產市場暢旺之時，領展、太古（00019）、九倉（00004）等股王加租較快，就會跑贏其他房託；到了地產市場回調，股王和非股王的淨資產值又一齊下跌，所以股價也是一起下跌。因此，為了分散投資而買太多隻本地房託，結果反而比不上長期持有一兩隻板塊內的冠軍股。

E
T
F
C
B

本章重點

- 「燈塔」的基石盤是以時間換取回報，被動型ETF和特製指數ETF 都是建盤良方。
- 基石盤的執行要點是做了年度配置後遵從投資紀律，不受短期波幅影響。現金流回籠後按原來計劃繼續投資。
- 基石之上需要靠樓梯盤來登高望遠。然而，樓梯盤回動有如樓梯上落，往往需要等待時局變化，選擇更考心思。

第二章

燈塔的基礎・建立基石盤

2.1 穩健現金流是投資之本

前一章討論了筆者實際觀察的家族辦公室，不少都是以現金流為管理目標，又會持續監察整個投資組合的現金流增長狀況。這和現代組合理論以總回報為本的確有出入，牽涉現金流品質的問題。假如管理目標真的只有「盡量提高現金流」一條，那麼最極端的做法就是買入一堆瀕臨破產公司的債券或股票，只要對方不破產，就能拿到超高息。因此現金流必須有一定品質，可以持續生息。筆者幾家客戶都有關注現金流的每年增長幅度，實際上也是關注品質的一部分。

那麼如何算是有品質的現金流？如果是金融系上課，投影片大都會寫着下面三條:

一. 業務護城河：優質公司通常擁有強大的業務護城河，能夠保護其市場份額和盈利能力的獨特優勢。這些護城河可以是技術專利、品牌價值、市場壟斷或規模經濟等築成。這些優勢使得公司能夠於市場競爭之中保持盈利增長。例如可口可樂等畢非德愛股就是這類企業的代表。

二. 通脹：通脹會令同樣的貨物售價更高，尤其是長期持續而輕微的通脹甚少會破壞需求，因此原有的當紅企業的總收入亦會慢慢上升。但同時企業的成本亦會上升，而優質企業則可以維持收入增長得比成本快，因此利潤就會逐年上升。收租股和房託在通脹期可錄得租金增幅，但開支如差餉等往往滯後，就是通脹得益者的代表。

三. 股份回購：股份回購是公司購回自己的股票，以令每股股息增長。股份回購減少已發行股票數量，每股佔企業份額增高，因此提高每股盈利。就算業務增長較慢，每股股息仍能穩定上升。近10年美股流行股份回購，曾有分析指出在2008年後的十餘年，道指回報的一半就來自於股份回購。

不過以上論點，除非以大量例子討論，否則也不太容易了解。因此。課堂之中，筆者經常以「何以父母們都希望兒女成為專業人士」為討論起點。專業人士受追捧，主要有以下原因。

1. 工作有使命感，在社會受尊重

專業人士都是社會必須的崗位，需要專業知識，又有發牌制度監管。優質企業也類似，服務社會運行所需的行業。長揸股票10年而失敗的例子，大部分都和買錯夕陽行業相關。

畢非德的師父葛拉姆活躍於經濟大蕭條，他的價值投資法就覺得只要股價夠低，他也不介意投資夕陽企業。在第三章我們會討論資源轉換投資策略，也接受夕陽企業。但如果是長期持有的基石盤，就要小心這些「價值陷阱」。

專業人士在社會也自然受尊重，優質企業也一樣。

LVMH（EPA:MC）成就了歐洲首富，旗下一眾奢侈品品牌當然是最大資產，但像可口可樂和蘋果（Apple, AAPL）是大眾化品牌，但亦一樣受到尊重。而且，坦白說的確不是每個人都有機會讀醫讀法律，但任何人都可以買幾股LVMH，讓這些品牌為自己賺錢。

2. **大部分專業都不太怕經濟衰退**

經濟大衰退之時，生病還是要看醫生；也許企業減少集資以擴張生意，但債務重組甚或破產清盤的需求就會上升，因此律師也不愁生計。優質企業的淡市論述有時亦一樣直接：經濟衰退，我們還是會用水電煤，因此公用股生意仍會穩定。有時論述比較間接：衰退之際，整體汽車銷售自然會下跌，但是最好的品牌生意下跌幅度會較同業小，仍是可以投資的對象。股息貴族的篩選策略，就是找尋逆市亦能增長的股票。

3. **專業人士不需要辦公室政治，工資也會穩步上升**

其他工種要工資上升，離不開升職加薪。例如仲介等工種，還要據理力爭，確保自己的成果不會被人偷走。在經濟活動之外，亦要花不少時間處理辦公室政治。專業世界當然也有辦公室政治，但因為工作具體，而且按年資收費亦會上升，因此處理辦公室政治的壓力較小。

優質企業也一樣。最理想是行業本身就不太需要監管。就算有需要，也希望監管制度是公開透明。像Space X研發星船，第一和第二次試射之間就隔了半年。中間除了企業主動的工程改進之外，又要跟美國民航局再申請起飛許可。中間還有美國漁護局要檢視星船起飛塔的水力降溫系統，要證明用水不會影響當地生態，又拖了接近一個月。

4. **專業人士沒有佣金制度，收入反而更穩定**

28歲的醫生，一般考取了基本的執業資格，但仍未完成專科訓練。同齡的地產經紀銷售能力高的話，可能佣金比醫生的工資更高。但是不少人仍會覺得醫生職業生涯比較可持續。企業也一樣，出售業務或資產後，該年當然可以派特別息，扯高股息率。但説明是特別息，就不能期待每年都收到特別息，算入到穩定現金流之內。

具體案例：股利貴族

畢非德過去曾説過幾次，他由小富變巨富，主要看中了不到10隻股票而受益。巴郡2023年公布業績時，畢非德在股東信之中就詳細討論了這個概念。首先，他説這類機會平均5年才會出現一次，因此巴郡至今也只遇上了約10次，就是現在的十大持股。

另外，他以可口可樂為例子，指出在1994年他購入可口可樂股票時，當年可口可樂派息7,500萬美元。到了30年後，可口可樂在2022年向巴郡派息7.04億美元。30年間派息額增加了10倍，約等於8.3%的複合增長率。他另一隻愛股是美國運通（American Express Company, AXP），派息額從1995年的4,100萬美元，增長到去年的3.02億元，股息增長率是7.3%。

股息持續增長幾十年，背後當然是盈利持續增長，股票亦長期造好。因此，這兩隻股票畢非德當年都剛好各買了13億美元，到了今天巴郡這兩個倉位就值250億美元和220億美元，都是巴郡的十大持股。

巴郡兩大重倉股

	可口可樂（KO）	美國運通（AXP）
買入當年股息(美元)	7,500萬	4,100萬
去年股息(美元)	7.04億	3.02億
複合年增長率	8.3%	7.3%
股票現值(美元)	250億	220億

來源:巴郡 2023 年年報

巴郡持有好幾十隻股票和全資子公司，可口可樂和美國運通等最終成為十大持股，當然是因為十大持股的長期增長率最高，經過幾十年的累積就成了巨額倉位。但是當十大持股的表現愈來愈好，其他股票的比重就愈變愈少，最後就算沒有像巴郡的紡織業本業一樣結業，亦對大局影響不大了。另一位傳奇投資者彼得林治（Peter Lynch）説過要「讓贏家跑下去」，不要因為再平衡就減持好股票而去買壞股票。以前香港炒房的説法則是要「贏谷輸縮」。

但是不論持盤策略如何，可口可樂和美國運通都屬於倖存者偏差，他們的數據已經是巴郡持股之中表現最優異的一群。換句話説，可口可樂和美國運通的股息增長率其實是一個高階標的，只要找到幾隻這類股票，憑耐性和時間，理論上就可以複製巴郡的成功。

每年7%至8%的股息增長率，表面上好像不太難找。筆者曾花時間看了各行各業的大行報告，發現在全球股市，市值10億美元以上的股票，大行估價模型假設了未來10年盈利增長接近甚至超越7%至8%，總數有好幾十家。但是一計及2008年一次金融海嘯，2020年一次新冠疫情，能真的做到20年間盈利增長7%至8%的，就變得寥寥可數了。

要尋找長期贏家，我們也可以分析一下NOBL這隻ETF。這隻ETF的全名是ProShare標普500股息貴族ETF，選取條件是在標普500指數成份股之中，已連續25年或更長時間都做到了每年增加每股股息的股票。根據該ETF的基金文件，在2023年第三季末，該ETF持有67隻股票，分佈在必需消費品、工業、物料等行業。相比求增長的投資組合，這些行業自然比較悶，但這些行業演化較慢，因此也容許企業以龜兔賽跑心態經營，以時間累積競爭優勢。

NOBL 持股的行業分類（2023年9月）

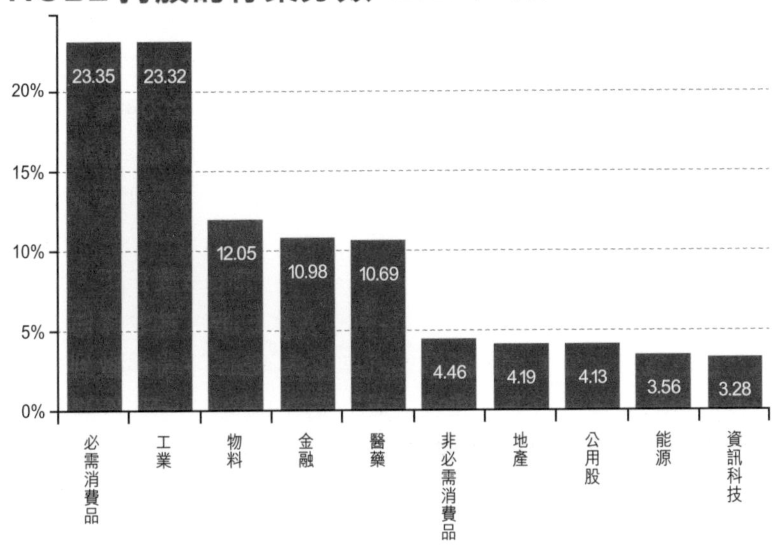

資料來源：基金文件

另外，又可以留意NOBL持有地產、公用股和能源的比重，遠較坊間一般的高息股組合要低。這些穩定板塊息率較高，但是周期性也比較明顯，因此比較難以做到整個周期都持續股息增長。另外，NOBL雖然以股息為篩選條件，但它並非高息股ETF，最新數據的年度化派息率亦只有2.6%，較高息股組合和債券都低。

投資者買這個ETF或採納類似策略，一般當下的現金需求不大，投資主旨可以效法畢非德的十大持股，希望累積10年以上的股息升幅之後，到時的股息相對今天的投資成本就很可觀，股價亦大幅上揚。例如，假設類似NOBL的股票今天的派息率2.6%，如果每年的每股股息增長率有8%，9年後股息就翻一倍，按今天成本論就是5%派息率。所謂滾雪球效應，最重要是堅持的時間愈久，同樣的增長率帶來的增長就更高。9年翻一倍後，18年是4倍，27年是8倍，到時候按成本論的派息率就是20%了。當然，要堅持27年殊不容易，但這正是畢非德十大持股背後的道理。

上面以美股做例子，主要是因為有一隻實際存在的ETF在當地執行股息貴族策略。我們當然也可以同樣框架，分析恒生指數成份股的股息增長。以下，我們選擇了恒生指數的成分股，然後追蹤它們自2000年或最早可得的股息記錄。然後，我們過濾掉具有不到10年股息歷史的股票，然後再計算每隻股票的年股息增長率。最後報告的數字，是企業增加股息的年數比例。頭3隻股票是香港股票，包括長江基建（01038）、領展房產信託（00823）和友邦保險（01299）。

NOBL的條件是連續增加股息25年，我們也有一個例子，就是長江基建。再看該公司的年報，更可發現管理層有提及自己連續27年增加派息，明顯引以為傲，是公司策略的一部分。但後面領展和友邦都有超過九成的年份能做到股息增長，其他還有幾隻有八成年份達標。這類股票也許不太刺激，但是每年股息逐漸上升，平時不需要太用心管理，正是燈塔策略的基礎。

增派股息的「燈塔」

	每年股息增長率中位數	股息增加年份	股息減少年份	股息不變年份	股息增加年份的百份比
長江基建（01038）	6.18%	22	0	0	100%
領展（00823）	12.56%	14	1	0	93.33%
友邦保險（01299）	15.90%	10	1	0	90.91%
建設銀行（00939）	8.64%	14	2	0	87.50%
招商銀行（03968）	20.83%	13	2	0	86.67%
恒安國際（01044）	9.47%	19	2	1	86.36%
創科實業（00669）	29.92%	15	2	1	83.33%
新奧能源（02688）	30.12%	14	3	0	82.35%
華潤置地（01109）	26.41%	18	3	1	81.82%
舜宇光學（02382）	26.55%	11	2	1	78.57%

來源：安泓投資

2.2 以ETF配置資產

七八十年代進入累積期的投資者，不少的確是靠持有三五隻藍籌股而建立現金流，例如第一章討論過的家族，連續十餘年將生意所得淨餘資金買滙豐，就由應急錢慢慢變成了有實力的投資組合。當年經濟起飛，藍籌股如滙豐等亦是每年股息上升，和前節討論的股息貴族邏輯相同，不過因為經濟起飛，水漲船高之下企業盈利就容易上升。但是個別股票始終有企業本身的變數，而會影響股價。

因此，當投資者只是希望資金共享經濟發展成果，亦會考慮投資指數。基石盤的宗旨就是愈簡單愈好。打工一族常常希望工作是「事少、錢多、離家近」，基石盤同樣追求事少和錢多。指數ETF就正是事最少的投資方法。投資者自己的作業流程做到離家近當然很好，但是正如上章談到分散地域是現代投資組合的特點，因此標的就不需要離家近了。

放棄揀股，直接投資指數基金，最通常的疑問就是這是否「投降輸一半」。誠然，懂得分析的話，的確有機會找到跑贏指數的長期持股，但是指數的表現其實並不輸蝕。例如，美國標普500指數雖然做不到股息貴族的連續25年股息增長，在經濟衰退時候亦有下跌。但自追蹤該指數的SPY US成立的1995年起，SPY的每單位派息由剛超過$1升到2022年的$6.3，股價當然也隨之上升了接近10倍。

標普500 ETF（SPY）的每年派息及按年升幅

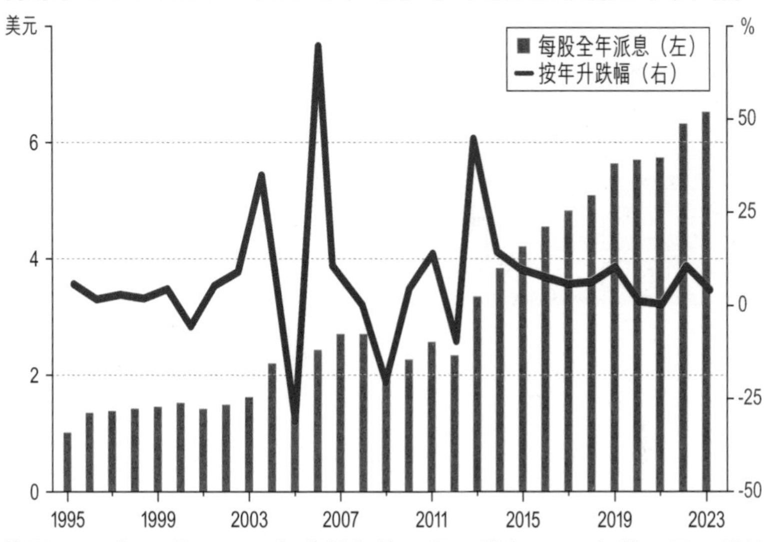

截至 2023 年 9 月；2023 年升幅為第一至三季和 2022 年第一至三季比較；2023 年派息包括該年第四季的預期派息。 該ETF在 1995 年成立，該年只派了三次息；因此 1996 年升幅亦為兩年第二至四季之間的比較。

數據來源：https://www.nasdaq.com/zh/market-activity/etf/spy/dividend-history

如果集中分析SPY的按年升幅數據，會發現自成立的1995年起，一共有24年錄得股息按年上升，而只有4年下跌。股息增長率的中位數是5.5%，而平均升幅因為有些暴升暴跌年份，反而比中位數更高，有7.39%。這些增長率，其實都接近畢非德十大持股的長期平均升幅，所以表現算是不俗。

SPY 按年股息增長率的數據分析

增長率中位數	5.52%
平均增長率	7.39%
正增值年份數目	24
負增值年份數目	4

現代投資，講求分散地域投資。對大部分散戶來說，單看港股已經不容易，遑論分析歐美澳日等海外市場的個股了。這些市場的ETF，就成了分散投資的捷徑。建立了燈塔基石，組合每季甚至每月都會派息，而且長期配置就是為了讓經濟發展帶來增長，因此，說「時間就是金錢」絕不為過。所以因為做不了決定而讓資金閒置，就有如荒廢農田，眼看着鄰居一次又一次收割，自己的時間值就白白消耗了。

有時候，客戶會選擇兩階段策略，先將配置到海外的資金投資到當地的指數ETF，然後逐年分析當地個股，再慢慢換成個股。有時候不出售ETF，但新增的現金流就主要購入海外個股，以期在5年後，個股能佔組合三五成的比重。

核心組合的決策樹

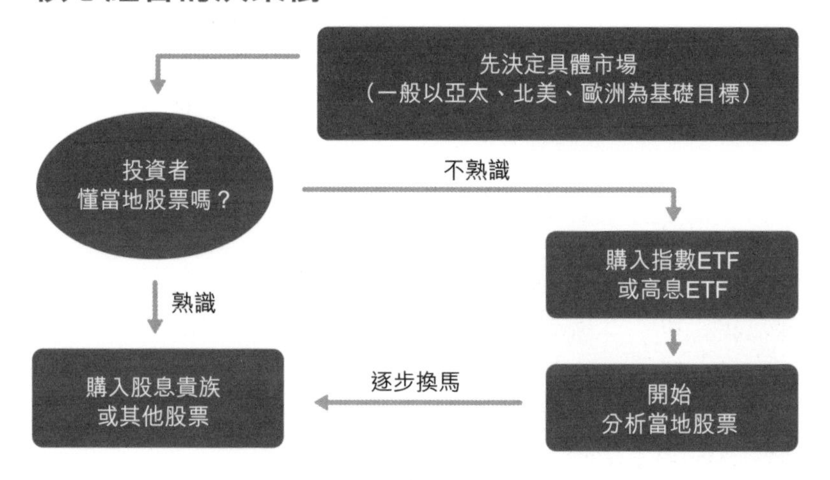

但我們亦見過投資者，雖然有這樣的計劃，但最後因為ETF操作簡單，回報又不錯，到最後基石盤還是主要集中投資ETF，現金回籠也是進一步增持原有的ETF組合。然後將精力花在第三章會討論的樓梯盤、家族原有生意、甚至全幢地產等等不花精力真的不會有成果的項目上。

在此我們也稍為介紹一下ETF。ETF（Exchange-Traded Fund）原指所有直接在股市買賣的基金。以前的共同基金由基金公司處理出入帳，因此認購或贖回都和基金公司交易，而ETF直接在股市交易，絕大部分都和股票一樣，只要開市就能自由買賣，因此簡化了投資者的操作流程。

例如盈富基金（2800）以恒生指數為目標，代表投資者持有恒指成分股，並且以各股票在恒指的比重為基金比重。因此，中間不牽涉分析師或基金經理的決策，回報除了微量的「追蹤錯誤」（Tracking Error）外，應非常接近指數表現。例如基金每天都有資金出入，總需要買賣手上持股，也不可能每一股買賣價和恒指完全一致，因此到年終計算業績，總有一些差別。

因為沒有基金經理操盤，指數基金的買賣都由市場決定，恒指本身換馬就會令指數基金換馬，因此指數ETF又稱被動型ETF。除了被動型ETF之外，市場上還有主動型和特製指數型。三種基金的主要分別如下：

主動型ETF由基金經理操盤，管有主動投資組合。像其他共同基金和對沖基金一樣，這些基金經理會根據自己的投資策略和看法，選擇投資標的。變身成主動型ETF，主要是方便了投資者買賣該基金，亦簡化了基金公司的客戶服務。既然有基金經理操盤，當然就需要負擔投資團隊的費用，因此主動型基金的收費會較被動型ETF高。

三種ETF對比

	主動型ETF	被動型ETF	特製指數型ETF
投資策略	基於主動管理	追蹤指數	特定主題或策略
管理費用	相對較高	低	通常較低
基金經理	主動選擇 投資組合	追蹤指數	追蹤 特定指數
相對風險	高	中等	中等
相對回報	目標是 跑贏純指數	指數回報	取決於特定指數 背後的策略
透明度	可能較低	高	高

主動型管理基金一般都有目標指數，基金經理的責任就是跑贏指數。所以，主動型回報或會更高，但同時風險亦高。指數如何演化，指數的成立文件都有正式説明；而主動型基金就需要提供足夠靈活性，讓基金經理的投資功力反映在投資組合之中，因此透明度自然較低。筆者不認為主動型ETF較差，但投資者需要明白，主動型ETF的成敗，完全和基金經理的功力掛鈎。

被動型ETF主要目標是追蹤特定指數，以複製特定指數的表現，並明確放棄主動選股。由於不需要主動管理，被動型ETF通常管理費用較低。這是因為它們的投資策略相對簡單，不需要負擔基金經理及團隊的費用。指數被動型ETF的組合通常與其追蹤的指數相對應，投資者能夠清楚地了解其持倉組合，因此相對透明。

指數ETF又可按具體追蹤的指數分成兩類。一類是如恒指或標普500等，反映整個經濟體榮枯的大指數，以及這些指數的分支，例如恒指國企指數和恒指中小企指數等。另一類指數反映了某特定行業。例如筆者長期經營的房託基金，大都和全球或亞太區房託指數掛鈎。亞太區房託指數就列明是在日本、澳洲、新加坡、香港以及其他亞太區市場上市的100隻市值最高的房託。美國就以標普500的11個行業分類，設有對應的分類指數基金。

標普500行業ETF

基金代號	基金名稱	對應行業
XLRE	RealEstate Select Sector SPDR Fund	地產
XLY	Consumer Discretionary Select Sector SPDR Fund	非必需品零售
XLC	Communication Services Select Sector SPDR Fund	通訊服務
XLP	Consumer Staples Select Sector SPDR Fund	必需品零售
XLE	Energy Select Sector SPDR Fund	能源
XLF	Financial Select Sector SPDR Fund	金融
XLV	Health Care Select Sector SPDR Fund	醫療保健
XLI	Industrial Select Sector SPDR Fund	工業
XLB	Materials Select Sector SPDR Fund	材料
XLK	Technology Select Sector SPDR Fund	科技
XLU	Utilities Select Sector SPDR Fund	公共事業

這些行業指數限制指數成員的行業，目的是反映全行榮枯，所以不會有進一步的篩選。因此，如果投資者看好美國科技股，可以持有XLK。另外，尤其在美國，科技股已經成熟到是整體經濟的一員，因此不少科技股都已經列入了他們的競爭市場。例如蘋果和特斯拉就算是非必需品零售，而非科技股了。要投資香港散戶口中的「美國科技股」，也許追蹤納斯達克指數的QQQ就更適合了。

特製指數型ETF則是近年最新興起的模式，在傳統被動指數ETF基礎之上，再加一重以數據為主的篩選。它們通常追蹤定製指數，以反映特定的行業、主題風格或其他因素。例如，綠色能源、人工智能、水資源等。例如綠色能源就可能要求指數成員某百分比的盈利必須來自於綠色能源。高股息ETF則可能選擇藍籌指數，但限制了指數成員的派息必須高於某息率。

這些特製指數的特點是篩選條件都基於公開資料，因此一如傳統指數，並不需要即場做決定的基金經理，所以收費不一定會高。透明度亦一如傳統指數，都是投資者可以根據指數文件，自行分析。不過，篩選條件的心態，將可影響指數的長期表現。部分如ESG等，不是基於盈利等因素，就有可能令特製指數的表現和原來的基礎指數分別很大。

因此，在選擇特製指數型ETF前，我們都會比較這些ETF和當地藍籌指數ETF的長期表現。例如，下表是以關注股息為重心的特製指數型ETF的長期表現。

澳洲、英國、美國關注股息ETF相對當地藍籌指數ETF的表現（5年區間的每年平均總回報）

	代號	2018-2022	2013-2017	2008-2012	2003-2007
澳洲	VHY AU	9.71%	10.89%	13.79%	—
	IOZ AU	3.12%	8.87%	5.80%	—
英國	IUKD	0.43%	9.04%	-1.51%	7.95%
	CUKX	3.12%	8.87%	5.80%	—
美國	NOBL	9.37%	13.44%	—	—
	SPY	9.32%	15.13%	—	—

注：VHY及IUKD是高息ETF；NOBL是美國股息貴族ETF；
IOZ、CUKX及SPY是當地藍籌指數ETF。

來源：彭博

股票所派的股息來自於企業的淨利潤。派息之後的餘額就成了企業的保留盈餘或儲備，成為了企業股本的一部分，變成了可投資的資金。因此，規模接近、業務類似的兩家企業，假如一間多派息，股本增長就自然減慢。資金池增長慢，首先疑問就是這些企業能否維持原有的競爭優勢。

大部分行業都需要持續投資才能維持競爭優勢。例如，商場的地段再優越，交通再方便都好，10年不裝修的話仍會感覺老舊，影響人流和消費意欲。各類工業的機器亦會逐漸折舊，假如不持續更新，產能就會降低。在會計制度之中，淨收入通常都有扣掉折舊等費用，理論上維持競爭優勢並不需要動用淨收入。

但是折舊費用的算法複雜，而且往往長年不變，因此不少行業都未必能反映實際的花費。另外，維持競爭優勢本身就很理論化。商場或寫字樓當然需要定期裝修，但近年的裝修又往往包括了節能等原素，裝修費用增加會節省營運成本，變成了可以計算投資回報的投資。

有時候，產品雖然更新了，但是因為同業亦同時升級產能，結果大家的產品都變好了，消費者受惠了，但是企業之間的競爭優勢亦沒有什麼改變。這是逆水行舟，不進則退，所費資金又往往比折舊費用更大。因此，長期投資高息股最大的隱憂是派息策略會否拖慢企業的擴張步伐，長遠反而逐漸削弱了企業競爭力，降低了總回報。

上面的簡單研究比較了高息ETF和當地最基本的藍籌ETF的5年回報的分別，發現每個國家都不一樣。在美國，我們分析了連續25年都能增加每股股息的股息貴族NOBL，發現總回報和標普500很接近，也許是因為當地市場由基金和機構投資者所主導，大家在招股集資、派發股息、回購股份等融資策略的取態都類似，因此變化不大。

至於英國的IUKD，在某些5年區間能跑贏富時100指數，但又有時段跑輸，長期表現相對富時100指數沒有方向。也許這是因為過去十幾年英股都不平靜，先是2008年金融海嘯和其後續演化，然後又有脫歐、疫情、以及俄烏戰爭，因此不單股價波動，企業營運環境也在急速變化，導致高息股沒有特別優勢或劣勢。

澳洲的VHY AU則最特別，在幾個我們分析的5年區間之中，都能跑贏當地的ASX 200指數。這也許是因為澳洲的退休金制度完善，民眾資產中位數名列全球前茅，但又開始有退休潮，因此當地派息的藍籌特別受歡迎。

筆者的客戶看完這幾個例子之後，大部分都覺得上述的「高派息，因此保留現金少，所以長期增長慢」的說法，在海外的成熟經濟體未必成立。

具體案例：某家族辦公室的初始ETF組合

以下的例子，是某個小型機構投資者最後落實的投資計劃，其目的是產生足夠的現金來應付機構開支，同時也追求足夠的回報以避免貶值。該組合包括債券、股票和另類資產，以實現分散投資和降低風險。要注意客戶的團隊能親自營運本地的股票組合，所在地的債券又比較不吸引。另外，客戶亦有一些散落在亞洲不同城市的全幢地產資產，亦沒有算在下面的計劃之中。下面的組合只佔他們總資產的一半左右。

因為地產在亞洲，而家族生意和家族成員的工作亦以亞洲主導，因此家族辦公室的其中一個目標是主力投資歐美資產，使家族整體資產的歐美亞比重較為平均。

首先，該組合中的債券部分包括高收益公司債（HYG）、地產按揭信託（MORT）和投資級公司債（LQD）。這些債券產品通常提供穩定的利息收入，並具有相對較低的風險。股票方面，投資者以SPY代表美股、IUKD代表英國高息股和以QQQ追蹤科技股。以上倉位已經佔了投資組合的八成，但就包括了北美、歐洲的股票和債券，當中又有六成可以生產穩定現金流，都頗為合乎我們的基石盤概念。

另外，組合還有美國房託和商品ETF。這些是比較接近MPT分散投資配置，預留資金到另類資產。我們另外還有幾個例子，也許散戶更容易複製或參考。但中間涉及樓梯盤討論，因此我們會列在本書最後一章，就可以按整個策略一併討論。

某家族辦公室的ETF組合

類別	代號	ETF名稱	配置比重
債券	HYG	iShares iBoxx $ High Yield Corporate Bond ETF	15%
債券	MORT	VanEck Mortgage REIT Income ETF	10%
債券	LQD	iShares iBoxx $ Investment Grade Corporate Bond ETF	15%
股票	SPY	SPDR S&P 500 ETF Trust	10%
股票	IUKD L	iShares UK Dividend UCITS ETF GBP (Dist)	20%
股票	QQQ	Invesco QQQ Trust Series 1	10%
另類	USRT	iShares Core U.S. REIT ETF	15%
另類	DBC	Invesco DB Commodity Index Tracking Fund	5%

2.3 建設基石盤的實戰守則

燈塔策略的重點就是八二策略，將持盤分成穩定基石盤和樓梯盤。實際上，如果投資者只是希望生息退休，或者以投資現金流支持金錢回報不高的生活模式，組合全數投資在前兩節所述的股息貴族和指數ETF其實也是個好策略。只要做到適當的分散投資，再按現金流狀況調節自己的生活，風險也不算高。

不過，不少投資者亦希望能調高長期回報，那麼在基石盤之外，就需要考慮樓梯盤了。假如現金流組合是基石，樓梯盤就是燈塔建築，需要靠樓梯盤來登高望遠。將這部份組合稱為樓梯盤，是因為這倉位遠較一般「風險股」或「增長股」有更特定的條件。

1. 樓梯盤的股票數目有限，一般都以兩三隻為目標。筆者客戶之中，最分散的也不會超過5隻。這是因為這類投資機會不會多，畢非德就說是5年一遇。嚴選股票，有利養成無寶不落的習慣，更有利於選擇個股。

2. 本書介紹的投資策略，都牽涉清晰簡潔的投資論述。這種投資的股價表現往往有如樓梯，先一段時間窄幅波動，到了論述變成現實的時候，就會迎來升幅。所以稱之為樓梯亦很合理。

筆者近年觀察基石與樓梯的比例多是八比二，以相對穩定雄厚的現金流去支持樓梯盤。一旦有了這個二元分別，分析兩類倉位的心態也會變得不一樣。持有樓梯盤，必然牽涉到尋找整體市場未有看到的發展，可以是某企業的科研計劃潛力龐大，可以是某企業是優質的收購目標，在第三章會介紹幾個筆者見過的實際策略。但這些潛在發展都需要時間，而且就算買了，亦需緊貼發展，恒常分析。基石盤的投資心態有如買傢俬，不出事就是好事，部分原因就是要簡化操作，將時間精力留給兩三隻樓梯盤。

我見過實際例子，有「怪人」投資者真的專注到花半年至一年時間研究單一隻股票，甚至像方法演技的演員一樣，完全抽不了身，連社交吃飯也只能討論他當時的標的。變成偏執狂當然並非必須，但是這份專注卻值得留意。

其他從事投資工作的朋友，則會花很多時間做具體的情景分析。幾十個倉位各自升升跌跌，情景分析就只能以最終結果論，但是3個樓梯盤就只有3者皆升、3者皆跌、只有股票A升等等，一共8個情景，就可以做詳細的情景分析。這一方面是壓力測試，假如樓梯盤股價大跌，到什麼位置會出現追孖展或斬倉風險，這是風險管理的根本。

另一方面也是預先設想離場機制。例如某一隻樓梯盤股真的爆升，在什麼價位應該如何反應。樓梯盤講求清晰的投資論述，因此對於「成功後」的估值，投資者應該心中有數。選中了股票，太早出售便會放棄了後來的升幅，太遲出售又有機會失去了高位放貨的機會。事前做好了情景分析，出現狀況時便會有準備，進一步減少情緒影響決定的機會。

另外，基石盤的現金流是每季甚至每月都有產出。例如，筆者另外見過一個簡單基石盤，主力就是 IUKD和VHY，兩隻分別來自英國和澳洲的高息ETF，還有三五隻房託和公用股ETF來代表亞洲和北美，但因為各地派息習慣不一樣，ETF的作業流程又有分別，因此雖然每一隻ETF都是每季派息，但投資者卻幾乎每個月都收到一定的利息。

在投資組合的營運策略來説，每月現金流當然有用，可以支付各種開支，然後支持樓梯盤投資，再剩下來的就以月供或股息再投資方法投資回原有的基石盤之上。再者，投資者每月都看到有現金流，心理上也更有信心，可以更自信地操作整個投資組合了。

與之相反就是樓梯盤。一般而言，樓梯盤生意愈做愈好，需時以季或年計。例如，每年盈利能做到25%升幅，3年盈利就翻倍。但是攤開分成4季，每次按季升幅就只有6%，再加上大部分行業都有季節影響，由旺季到淡季，基本面再好的公司，也許盈利還是會有按季的負增長。

因此，樓梯盤往往要兩三年時間累積升幅。到了某時間點，對沖基金及其他短炒者不敢再造淡，要短期獲利的投資者亦賣得七七八八，市場上沒有了看淡的資金後，該股票就會迎來一轉急升。技術分析會指這就是升穿了阻力位。我從來都沒有那份悟性由圖表歸納出這類訊息，但是樓梯盤的長期表現，往往有如樓梯，在同一區間徘徊一段時間後，突然抽升，然後就在下一個區間徘徊。

所以長期持股，在乎的還是信心。等待樓梯盤落實計劃需要耐性，太太曾戲言有如帶孩子學跆拳道：要花上了三四年時間，犧牲了和閨蜜每周見面，帶小孩去道場，自己則只能吃譚仔。看着他身上的白帶黃帶，要相信他有毅力一直學下去，其實也是個信心問題。

前面提到的那位「方法演技」投資者朋友，可以抽不了身地花半年或一年時間專注研究單一隻股票，其實也是看穿了這層心理因素。別人的持盤筆者不能說得太詳細，但也知道十來年之間，他的確有兩三隻10年升10倍的戰績。而且正因為他抽不了身，所以整個朋友圈都知道他買了什麼，真的假不了。

但又的確，當大家都看不清某隻股票，甚至是該股票一直下跌的時候，就只有他還能持盤。到了抽升那天，大家也許會記得他有持股，甚至會說幾句找到下一隻潛力股，一定要一起投資。但大都市之中人人都忙，幾天後又忘記了。因此到最後，他的投資路是我見過之中最孤獨的。

樓梯盤有這種「樓梯型」走勢，所以如果沒有基石盤去支持日常開銷，就很難去慢慢等。但沒有了樓梯盤，基石盤的增長潛力亦是有限。因此，基石盤和樓梯盤，兩者是相輔相承的。

某個家族辦公室策略配置的實際例子

增長股倉位

- 佔總淨值的20至30%
- 只考慮具有理論增長路徑，能在10年內將投資增值10倍的目標

其他短炒策略

- 將最多20%的淨值承諾給每個投資策略家族

現金流倉位

- 佔總淨值的70至80%
- 目標通過時間產生8至10%的總回報
- 現金回報目標為5%
- 同時也足夠支付整個家庭結構的債務成本和其他營運成本

槓杆比率

- 投資組合的限制在20至30%
- 與有條件負債一起管理
- 所得的現金流應是借債成本的1.5倍

營運業務

- 現有業務
- 其工作是提供與整體金融市場相關性較低的現金流量

具體案例：真實辦公室的八二分配策略

上圖是筆者某位客戶的實際策略，得蒙允許，特別在這裏和大家分享。這個策略的基本就是啞鈴策略，分別是七八成資金分配到基石盤，剩下來的兩成為樓梯盤。其他短炒機會，家族辦公室並非不看，但會限制為組合總值的10%。最後，家族亦有約兩成的槓桿率，則是散戶未必應該複製的。

基石盤佔了總資產的七八成，旨在通過時間獲得8%至10%的總回報以及5%的現金流，足以支付整個家族辦公室的債務成本和其他運營費用。「其他運營費用」當然亦包括了家族成員在家族辦公室的支薪，所以已經包括了支持家族成員生活的費用。另外，該家族仍擁有現有的業務，作為另一個現金流的來源。這家企業是他們投資組合的重要組成部分，因為它提供了穩定的收入流，可以用來抵消金融市場中的任何損失。

換句話説，家族每年的現金流如下：

- 現金收入=核心持股的現金收入+家族業務的現金收入

- 現金支出=家族辦公室的債務成本 + 運營費用 + 家族成員的支薪

他們的現金流管理，就在於平衡這兩邊，以每年都有少量盈餘為目標。當然，花掉現金流就意味着8%至10%的總回報不會全數撥回下一年的投資資金，長期增長就會放慢了。

剩下的兩三成資金則分配到樓梯盤之上，這一間家族辦公室亦有明文限制，其他短炒倉位不能超過組合總值的10%。真正的機構投資者根本不需要這一條限制，因為沒有人會提供短炒機會。但是客戶說早年加了這一條，只是「未能免俗」。例如在工作場合，一堆生意上朋友討論投資，客戶就有少量資本一起買賣，但這從來都只是應酬一下，客戶根本不將之看成有效投資的一部分。

最後，也許和散戶最大的分別，就是這間家族辦公室亦有使用長期槓桿，但僅限於投資組合的20至30%。理論上，長期槓桿亦訴諸於證券的長期增長潛力，增加整體回報。這有點像按揭的想法，靠投資紀律慢慢還債，幾年還清了債務就整筆證券都成了資產。但是家族辦公室的做法很保守，會做不同的情景分析，有各種應變方案。而且，就像本書一直提倡的，家族辦公室有穩定的現金流收入，因此完全有能力急速還債以降低風險。這是散戶未必能輕易複製，因此也未必適合效法。

2.4 把情緒留在門外

現代組建家族辦公室，幾乎一定會討論制度化。例如新加坡有官方建議的完整架構，就算不落戶新加坡的家族，亦很自然會問這套架構之下有什麼作業流程，和這套作業流程的實際功用。作業流程必定牽涉建立紙本活動紀錄，將來無論是金融管理機構、稅務機構、乃至和家族成員有疑問都有所考據。部分流程亦是建立法人架構，可能有稅費上的寬免。另外家族成員之間的不和，亦可靠作業流程得以仲裁或減少爭拗。

以上幾個考慮，未必對散戶有太大啟示。但是我們的基石盤，賺的就是時間值，必須持之以恒地執行。作業流程就有助我們建立投資紀律，免受市場氣氛影響。在第一章，我們引述過《孫子》的「故我欲戰，敵雖高壘深溝，不得不與我戰」;「我不欲戰，雖劃地而守之，敵不得與我戰」。面對市場，投資者唯一的優勢就是我們握有主動權。廣東話俗語有所謂「冇焗賭」，其實投資紀律就是將市況波動、投資情緒、和投資決定分開處理。

大型機構投資者普遍是每3年議論一次投資策略，然後一層一層傳達指令和執行。因此，除非是全球疫情或金融海嘯等十年一遇的突發事件，中間的新聞變化不會改變他們的配置策略。當然，這裏説的策略是債、股、另類資產或歐、美、亞等資產類別和地域的配置，個股買賣由中層的基金經理負責，換馬是恒常發生之事。但應對於散戶，假如決定了月供某股票或某ETF，就要記得在市況混亂之際，人家機構或家族都仍然會繼續配置，我們忽然收手，就偏離了投資紀律。

另外，大型機構投資者三年一議原是官僚制度的產物。例如美國州立退休基金的董事會由州長任命，一般都是另有要職的社會賢達，不會全職營運基金。因此，能聚集董事每季開一次董事會，簡單審閱上季度的回報、組合現況、現金出入流等報告已經不容易。要真正討論策略，三年一次已經差不多。家族辦公室等較小型的投資者，決策鏈較短，可能會增加討論頻率。我有時會受邀列席這些決策會議，頻率最密的也就是一年一次。以年為單位，最重要就是排除了最短期的噪音，集中考慮經濟變遷。

但是以年為投資單位，往往就是散戶最難跨過的心理關口。例如，2023年中有客戶重組自己的業務和持股架構，有幾個月要暫停證券買賣。以散戶的目光來看，最安全的做法是事前出售了整個組合，換成現金，然後在架構完成重組之後再將資金投資到證券之中。但是機構投資者持盤較大，股票和流動性高的債券還能隨意出售，其他例如較小型企業的高息債或者各項基金投資，要贖回比較複雜，而且幾個月後再投資亦費時失事。

再加上機構投資者又會有融資策略，由借債到各類輪證的信用額，都靠背後的核心投資組合支持，因此賣盤又會牽涉一大堆拆倉，執行不容易。因此，客戶最後的決定是，在年初開始就讓90天以下的短期輪證自然到期，不再開新倉；借債則盡量貼近核心持盤的貨幣比重，避免貨幣市場波動影響了槓桿率。剩下來的，就只要求我們以「持盤最少6個月」的心態選股，務求重組期間不再需要換馬。

結果，由於2023年第二季、第三季幾個海外市場都急升，客戶的投資組合都隨之水漲船高。期間美國有銀行倒閉、通脹狀似回升，以及一直揮之不去的衰退陰影，我們都不需要給予額外意見。而且，不需要煩惱是否需要賣掉急升的倉位，結果有個別倉位一升再升。總括來説，我們在做重新操盤的前期分析，客戶的投資組合不單健康，甚至因為升值了，各類指標反而偏向了保守。

「點穴投資法」最有威力的還是增長倉位。也許真的純粹幸運，剛好碰上了AI浪潮，持有美國科技七雄，升幅都以幾成甚至幾倍計算。就是不揀股，單單是持有3倍納斯特指數的TQQQ，升幅也以倍數計。不少投資界名宿都説要讓贏家一直跑下去，不要為了少許升幅就賣盤。看着倉位愈升愈快，能夠忍手不賣就需要學習情緒管理。被點了穴，反而就不需要每天思考這些問題，就簡化了整個流程。

專做高息債的著名投資者馬斯（Howard Marks）著作等身。他的常見論點就是其實甚少人能預測經濟榮枯，最少準確度不足以影響他們的投資結果。例如疫後初開關，通脹忽然上升，歐美投資界就通脹會否變成長期趨勢，演變成一場大辯論。馬斯曾寫過，當時他出席了一個午餐飯局，與一群當時得令的基金經理討論通脹，發現雖然大家都堅持己見，吵得面紅耳熱，但其實大家的論點超出不了各大財經台的論述。

炒作短期經濟榮枯，最引人走上岐途反而不是每次都錯，因為每次都錯的話，大家自然不會再靠這類分析做決定。最危險是估計短期經濟走勢有一定的準確率，但卻又不足以形成可持續的投資結果。有朋友曾鑽研了賽馬幾年，最後結論就是綜合各家分析，的確可以在每場賽馬選出5匹有勝算的馬，有九成以上機會由這幾匹馬跑出。但他鑽研很久，發現贏馬要五選三，機會率還是比不過賠率，長賭仍然是輸。因此，他的結論是找到五大熱門反而最危險，因為看似比其他賭徒懂得多，但實際上還是贏不了賠率。

對馬斯而言，短期經濟波幅準確率不高，因此就更應該花時間分析手上的投資。因為個別企業是否健康，還是可以分析之事。尤其是他專投資高息債，只要算準發債企業護城河夠深，下一波經濟下行也影響不了企業財政的話，其實經濟起伏對他的投資結果還是影響不大。

本章介紹的幾個基石倉位，包括股息貴族和指數ETF等，其實都和短期經濟榮枯關係甚少。股息貴族的定義就是連續25年可以堅持加息的企業，最少在過去的周期證明了經濟衰退他們也一樣能營運。指數回報是建基於經濟長期走勢，數周數月的小波幅，對指數的長期回報影響甚微。

例如，2023年初，其實大家都知道美元加息期再長，息口上升速度也不會如2022年快。而且息口高原期一般都是9至12個月，之後經濟降溫，通脹放緩，息口就會下降。換句話說，2023年初不難判斷，減息大概會在2024年出現。如果在2023年指定「點穴倉」，明知道要到了2024年才能換馬的話，相信大家都會設計一個等待降息的組合。

但在2023年，我們經歷了矽谷銀行倒閉，到秋天美國國債息口上升到5%。中間因為某周數據特別好或特別差，又會影響了對議息結果的預期。假如全職投資，例如筆者的基金業務等，自然應份緊貼這些發展，尋找跑贏的機會。但是各位讀者最大的優勢就是不需要為每天或每周的升跌問責，反而站遠一點，遙望這些升升跌跌，最後有如東京的環型山手線，多坐一會又回到了同一個站。

具體案例：《魔球》經理管理靠數據為本

《魔球》（*Moneyball*）成書於2003年，並在2011年拍成電影。棒球等專業球隊要成功，離不開球星。但成名球星身價高，因此要長期成功，必須有能力發掘新星。《魔球》講述的就是某棒球隊放棄傳統的分析方法，改為單以往績數據，以低價組合了不被看好的球隊，但最後打入了季後賽。

故事改編自真人真事，故事主角比利比恩（Billy Beane）亦經常公開討論他的管理技巧。最近一次演講，他就指出了3個重點，除了用於管理球隊，亦是我們常說的投資紀律。

第一，管理模式必須避免受情緒影響。比恩避免現場觀賽，避免球員的單次表現影響自己對球員的評價，更避免自己在情緒影響下亂做升職降職等決定。

換成投資紀律，就是避免每日緊貼股價。持牌基金因為問責和保留紀錄等原因，每一次交易都要有紙本紀錄，列明買賣的股數和預期交易價格，再經授權基金經理簽署後才進行交易。有客戶說他亦學了這個系統，每一次交易都自己保留紙本紀錄，結果就避免了不少事後證明會輸錢的情緒決定。

比恩的第二個重點是相信數據。某位球員資歷再好，又或者教練和球探覺得特別有心都好，假如不能化為往績數據就只是「吹水」，不能因此而付出溢價。相反，球員沒有資歷，但某項數據長期漂亮，球隊反而可以低價收購該球員，思考如何將他擅長的部分融入球隊策略之中。

投資股票亦一樣。只有願景，沒有數據的投資，到最後都不會跑出。因此擅於長期投資的投資者，往往是「人肉測謊機」，如果股票管理層的故事有問題，就寧願錯失機會也不會投資。相反，有時管理層非常討厭，但卻年年增加盈利。例如筆者大學時代就是蓋茨（Bill Gates）風頭最盛的時候，但亦引來電腦界強烈反對。當年他捐款給我母校興建新大樓，就有舊生多捐幾倍的錢，變成了一整個新電腦系研教中心，而蓋茨大樓變成了中心的一座分樓。但正正是那個時代，微軟的盈利和股價升幅最快。因此，分析管理層和策略很重要，但如果沒有反映到數據上，其實意義不大。

第三，比恩亦認為要相信自己的決策流程。數據主導就牽涉了或然率，每次結果都會和模型有異。比恩亦經歷了連續三四年結果未如理想，在這時候改善流程當然好。但更普遍的方案是決策者一急，做一些流程不容許的決定，結果往往適得其反。

我營運基金公司，不少後來得以擴充的業務或投資策略，都由改善流程而來。但是當全年投資結果受壓，10月底還是跑輸指數的時候，心魔就往往希望大改投資組合，最後兩個月能追回成績。基金有一定建制防止這種亂改，而且事後再看，心魔的改動往往會輸得更多。而且，投資反而是愈見到逆市，才愈是入市機會，是月供等策略的基礎。因此，短期結果未如理想，情緒波動的時候，保持隊形，繼續流程才更重要。

2.5 管理現金流循環

基石盤是個重視現金流的投資組合，在完成配置後每季甚至每月都會有現金流收入。在支付了各種開支後，就剩下了淨現金流，是組合所產生，而投資者能自由支配的現金流。

牛頓力學第一法則是「動者常動」，在沒有外力的假設之下，物體會按原來的方向和速度繼續前進。所謂投資紀律也是同一回事：要記得大型機構的策略配置是三年一論，在中間無論短期市況是好是壞，新增現金流都會按原來計劃繼續配置。大型機構主要靠再平衡維持策略配置，例如某位機構投資者的配置可能如下。

- 股票佔比為35%，金額為35,000,000元，該季回報為4%。
- 債券佔比為45%，金額為45,000,000元，該季回報為1.5%。
- 房地產信託（房託）佔比為20%，金額為20,000,000元，該季回報為3.5%。

季初組合狀況

	在組合佔比	金額(元)	該季回報
股票	35%	35,000,000	4.0%
債券	45%	45,000,000	1.5%
房託	20%	20,000,000	3.5%
總和	**100%**	**100,000,000**	

季末組合狀況

	在組合佔比	金額(元)
股票	35.42%	36,400,000
債券	44.44%	45,675,000
房託	20.14%	20,700,000
總和		**102,775,000**

再平衡交易

	在組合佔比	金額(元)
股票	-0.42個百分點	-431,655
債券	0.56個百分點	575,540
房託	-0.14個百分點	-143,885
總和	**0.00個百分點**	**0**

來源：筆者例子

季末時，因為3個板塊的回報不一樣，投資組合的組成有所變化。股票金額為36,400,000元，佔比增加到35.42%。債券金額為45,675,000元，佔比減少到44.44%。房託金額為20,700,000元，佔比增加到20.14%。進行再平衡時，投資者需要進行相應的交易將投資組合調整回目標比重。在這個例子中，再平衡交易的操作如下：

- 股票比重需要減少0.42個百分點，相當於金額減少431,655元。

- 債券比重需要增加0.56個百分點，相當於金額增加575,540元。

- 房託比重需要減少0.14個百分點，相當於金額減少143,885元。

再平衡的目的是為了將投資組合調整回目標比重，以確保投資策略的執行。在這個例子中，股票的表現較好，其比重超過了目標比重，而債券和房託的比重較低。通過再平衡交易，投資者賣出了一部分股票，資金流向了債券和房託，使投資組合恢復到目標比重。

理論上散戶也可以採納類似的再平衡方法，但是散戶資本較少，假如散戶是持有10萬元的組合，一樣的計算就只是幾百元的變動。在香港和新加坡等以整數為一手的股市，甚至變成了碎股。

因此散戶完全按傳統課本所述，每季執行再平衡的話，交易繁複又不會創造價值。

筆者觀察到的實際操作，都靠新生現金流盡量維持配置比重。每位客戶都有自己的操作流程，但歸納起來大約都屬於以下3種。

1. **股息再投資計劃**

   如果藍籌股或ETF有提供股息再投資計劃，企業或基金以新發行股票代替現金股息，則選擇要股不要現金。這是因為投資者首先省下了交易成本，而且不少股息再投資計劃都會有少量折扣，投資者會多拿了股票。但投資者亦宜留意兩個細節。

   第一，在整數為一手的股市，股息再投資計劃會變成碎股。真正落實了本書基石盤的長期心態，這也不是問題。反正碎股也一樣每季生息，對滾雪球效應影響不大。而且慢慢累積，幾季的碎股加起來又變成一手，將來要賣也非問題。

   第二，在澳洲等有股息稅的股市，投資者就要預留稅金交稅。現代基石盤分散了地域，投資者也許同時會有美元、英鎊、澳元、以及港元股息和利息收入。例如，如果因為股息再投資計劃而要繳納澳元股息稅，就要留意戶口是否有足夠澳元。

2. **投資上季弱勢倉**

筆者有客戶的基石盤有數千萬港元，平均分配到英國IUKD、澳洲VHY、以及美國NOBL三隻股息ETF。假設上季IUKD和NOBL都微升了，但是VHY下跌了5%。客戶在整理了現金流之後，就以淨現金流買入更多的VHY。

這個操作方法假設了每季升跌只是市場噪音，幾隻ETF的長期表現不會差太遠。這也是上述再平衡操作的理論基礎。當然，假如弱勢倉連續兩三年都跑輸其他倉位，投資者就應該再審視該倉位是否適合長期持有。但那就成了「三年一論」的策略考慮，不是每季操作的一部分。

3. **圓桌輪流投資**

最傳統的再投資，則是輪流投資。例如筆者有朋友的基石盤主要是電能實業、領展、以及中華煤氣。每到月底，兩張信用卡繳帳後，他就會將剩餘資金按次買入這3隻股票。例如，1月買電能實業 、2月買領展、3月買中華煤氣，到了4月又買電能實業。

這個流程執行久了，幾隻基石股的股數都會慢慢增加。我有客戶在過去幾年，集中投資本地的公用股，部分倉位的股數就增加了一倍。當然，市況會有波動，每次買入的股價都略有不同，加上股價對整個倉位的影響，幾個倉位的相對比例也不會一成不變。對這種不平衡，有些人會處之淡然，認為是自然發展；有些投資者則會在年底計算一下，買得慢的倉位盡量多添一點資金，拉近幾個倉位的距離。

這些操作流程基本上都是現金流進來了，就按長期計劃再投資已經決定了的倉位。這種機械化就是投資紀律，將短期波幅的影響降到最低。

但是投資紀律最大的效果，還是在谷底入市。第一章談過的，買領展致富的記者朋友，還有金融海嘯時候以低股價收取了獎金的銀行界朋友，他們全都是在低位維持隊型。有與銀行界朋友同級的同事在當年亦拿了差不多股數的獎金股票，但卻在出售時限一結束就賣掉了。在當時那也不是壞策略，但10年後的結果卻是賣掉股票的仍在行內工作，但一直持有股票的朋友真正達成了「十年十倍」的目標，早就轉換了跑道了。

下面以月供為例子，説明這類操作流程的時間威力。月供將投資和工資掛鈎，因此每月執行最容易。但長期而言，月供和季供，時間點有點不一樣，但其實都是近似策略，將買入時間和日曆掛鈎，消除了短期波幅所帶來的心理壓力。

具體案例：財務自由 考慮月供計劃

月供法指事前定下目標，每月用固定金額購買固定的股票。有穩定工作的朋友，最容易就是以工資固定比例為目標。自由業或經營自己生意的朋友，也許每月收入波動，則可能傾向每季或每半年結算一次，投資淨收入的某一比例。月供目標亦是事前決定，離不開兩三隻大藍籌。這個投資策略吸引之處，最原始是簡化了決定程序。除了畢非德等視投資為終生職業的投資者之外，投資對大部分人來説只是改善生活的工具，能簡化工序而獲得合理回報已經不錯。

孫子説：「古之所謂善戰者，勝於易勝者也。」近代幾宗創新案例亦離不開簡化。麥當勞等快餐店只需十來項食材，以時段分開餐牌，加上不同的烹調方法，就變出足夠選擇。特斯拉2023年初減價，既是遷就美國政府的補貼，亦是因為簡化了生產程序。例如底盤就由前後底盤各有超過100個部分，簡化成單件鑄件，省卻了幾十部機械人之餘，又提升了生產速度。而且鑄件差異度小，成車的瑕疵更少，產品質素更高。因此，「簡單就是美」是這幾十年來的進步法門。

月供法自動收起了收入的一部分，有助管理個人理財。如果配合每季或每年審視支出，核實開銷都是用得其所，減去無謂支出，就更可以逐步增加累積的資金。月供法亦降低了情緒對決定的影響。例如2022年10月港股市況慌亂，能夠主動出擊的人畢竟不會太多，因為除了知識，更講求有橫眉冷對千夫指的性格。

當然，月供法最重要還是長期結果。我做了一次分析，假設投資者每月投資1萬元，購入3隻本地房託。假如由2013年初開始，10年來一直月供，2022年底領展的持股值165萬元，連同歷年收了43萬元股息，回報倍數有1.74倍。如果歷年股息在收到後再買股票，持股總值則上升到220萬元，回報倍數是1.84倍。

10年月供計劃效果比較
（2013年1月至2022年12月）

	房託	領展（00823）	置富（00778）	冠君（02778）
情況1: 股息不重新投資	實際成本（元）	1,200,000	1,200,000	1,200,000
	2022年底 股票總值（元）	1,654,971	1,303,243	1,222,208
	歷年總派息（元）	432,524	441,026	491,590
	回報倍數（倍）	1.74	1.45	1.43
	2022年派息（元）	79,176.94	86,880.16	76,399.37
情況2: 股息再投資	實際成本（元）	1,200,000	1,200,000	1,200,000
	2022年底 股票總值（元）	2,207,491	1,850,073	1,806,726
	回報倍數（倍）	1.84	1.54	1.51
	2022年派息（元）	102,451.06	123,087.73	108,328.25

註：每月供1萬元

置富（00778）和冠君（02778）過去10年增長較慢，但是回報倍數亦有1.54倍及1.51倍。值得留意是3隻房託在2019年創了歷史新高之後，即使股價仍處低位，長期回報仍是正數。

不少朋友考慮月供，最怕是在錯誤時間開始。因此，我又做了一個燈神版，假設有投資者在2007年底的高位開始計劃。經歷了2008年那次金融危機亦不放棄，一直月供領展16年，股息亦再投資的話，持股總值接近900萬元，回報倍數是4.75倍。2022年的派息額超過40萬元，已經是供款的3倍多。

時間拉得愈長，月供法的成果愈好，主要是因為隨着股數增加，股息逐漸增加，就可以買到更多股票，股數增長速度就更快。除了房託之外，公用股等，只要派息率可觀的股票都有類似結果。因此，這類計劃像植樹一樣，最佳開始時機永遠是「去年」。

自2007年底起月供一萬元效果比較

	領展（00823）	冠君（02778）
情況1：股息不重新投資		
回報倍數	3.67	2.30
2022年派息（元）	235,980.48	162,211.45
情況2：股息有重新投資		
回報倍數	4.75	3.11
2022年派息（元）	410,068.58	350,708.01

2.6 投資者應該持有多少現金？

但凡投資，最後目標就是生產現金。這也是為何本書討論以核心組合來製造現金流。但是在投資組合裏持有多少現金，卻是個兩難問題。一方面，現金的增值潛力有限。現金的回報主要來自於存款利息，長期持有就有如工業革命前以白銀存錢，放棄了長期增長。

另一方面，反過來說，持有太少現金亦帶來不必要的流動性風險。當出現緊急情況或突發事件時，可能迫使投資者不得不以低價出售投資資產或借貸，因而影響了長期表現。單單為了應付突發情況，坊間的說法都叫投資者要保留6個月的薪金為應急錢。

其次，持有太少現金可能會限制投資者的機會。好機會不常有，畢非德亦覺得自己的真正贏錢，可能是五年一遇。手上現金太少，出現了這些機會也無法把握。尤其當投資組合愈來愈大的時候，6個月的薪金相對組合愈來愈少，充當應急錢還算合理，因為無論貧富，人生的突發事件都不會相差很遠。但是用來等投資機會，6個月的薪金就愈來愈少了。

巴郡在年底現金池佔該年營運現金流的比重 (%)

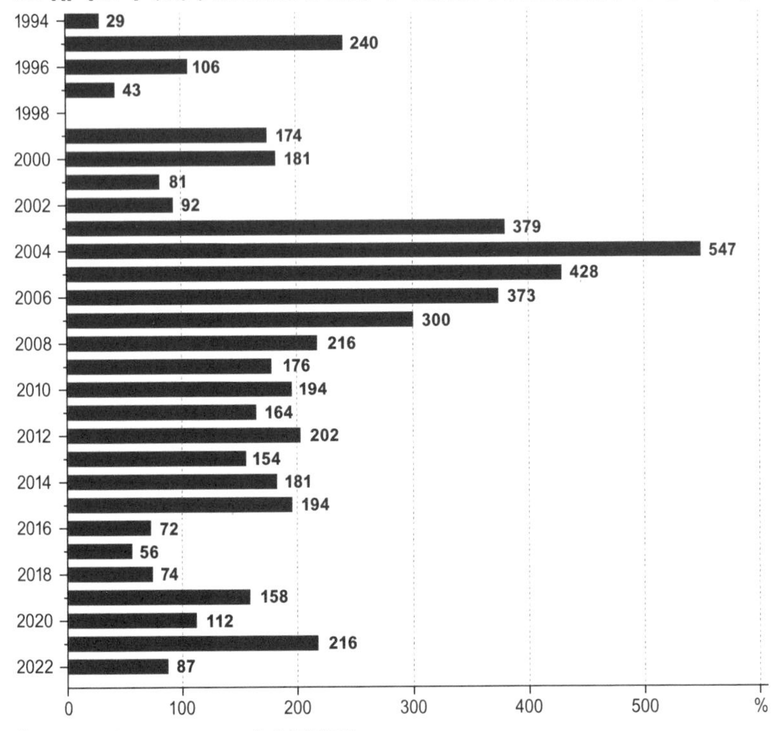

來源：巴郡 1994 - 2022 年財務報告

為了有更多的數據，我們就分析了巴郡歷年來的現金倉位。自從1995年起，巴郡就在網站上載了年報，因此我們的數據由1994年開始。因為上述應急錢是以月薪倍數為單位，所以也計算了巴郡在年末的現金倉位佔該年營業淨現金流的倍數。營業淨現金流是巴郡附屬公司的營運現金收入的貢獻，也包括了投資組合的利息和股息收入，再扣除了預繳保費等項目，是比較接近我們散戶的工資和利息股息收入的現金流。

這當中在1998年底，巴郡剛完成出售業務，現金持倉升至營業淨現金流的20倍，我們因此在上圖略過了。但除此之外，巴郡的現金倉位都很穩定地在營業淨現金流的三成至兩三倍浮動。中位數和平均值分別是1.76倍和2.51倍，以這類簡單分析來算可謂很接近。

巴郡歷年來持有現金數量

	平均	中位數	最低	最高
現金 / 該年營業淨現金流	251.68%	176.18%	29.48%	2067.28%

來源:巴郡 1994至2022年財務報告

因此，巴郡給我們的啟示就是畢非德當然會因應市場環境調節自己的現金倉位，但是差不多30年的數據顯示，他一般持有約兩年的現金為準備資金。對我們個人來説，兩年現金流當然不是小數目，但又未多至影響我們的長期回報。

在投資組合的層面來看，以過去幾十年股息率少至一兩厘，多亦不超過五六厘計算，兩年現金流就佔了總資產的5%至10%。我們見到的實際案例一般都在這個區間裏，並且以5%至7%更為普遍。

第三章／燈塔的增長．尋找樓梯盤

本章重點

- 基石盤時間愈長，效果愈明顯。恍如曹操屯田、朱元璋廣積糧，只是層次不同。香港股市以及散戶有興趣的幾個海外市場，指數長期回報都有7%至14%，合乎基石盤要求。
- 樓梯盤策略不需要多，要集中資源尋找突破點，標的必須是投資者有深入知識，期待企業派特別息、收購合併、或者分拆子企業上市等動作，釋放良好的資產價值。
- 不投資科技股的風險是出現「德川效應」，科技在經濟佔比愈大，手上資產佔比就愈低。科技股先要研究「客戶潭」，再研究收入結構。

3.1 基本滾雪球原則

筆者其中一位客戶説，他每天早上醒過來，大部分資金都又上了一天班。債券和定期存款賺了一天利息，地產資產又賺了一天租金，就是關係沒有那麼直接的股票，也營業了一天。例如餐飲業股票其實可以算出該天賣出了多少碗麵，乘以手上持股的佔比，就是投資者的資金賣出了拉麵碗數。這就是賺取時間值的道理，資金不宜閒置，要盡量每天都有賺錢。

滾雪球的重點就是時間比標的重要。例如，這一兩年定期存款的利率上升至4厘到5厘，像退休人士等時間充裕的投資者，當然可以逐家銀行問價，存款到利率最高的銀行。但是工作繁忙的在職人士就未必有時間慢慢問價，主要往來的銀行又也許財政穩健，資金充沛，利率不會是全港最高。但就算明知如此，在職人士也會為了方便，選擇在主要來往的銀行做定期存款。

假設大銀行的定期存款利率是4.2厘，某小銀行的利率是4.5厘。以本金100萬元計算，投放到大型銀行的利息收入是42,000元，小型銀行則是45,000元，相差3,000元。但是只要開始了定存計劃，在大型銀行的每月利息收入是3,500元。因此，假如投資者為了尋找理論上的最高息銀行，而讓資金閒置了一個月，其實因

以本金100萬元計利息

	大型銀行	小型銀行
回報倍數	4.2厘	4.5厘
每月利息	3,500元	3,750元
每年利息	42,000元	45,000元

來源：筆者筆記

消耗了時間而所少賺的利息，已經超過了兩間銀行一年的息差。

當然，散戶資金不多，這條算式也是一千數百元的分別，表面看似不大。但是資產值達10億港元的家族辦公室，保留一成為預備資金的話就是一億元，同樣的算式就是幾十萬的分別。因此，管理這類「濕碎」數目，也是機構投資者的主要職責，是滾雪球的基本功。

再者，持有基石盤的心態亦源自這條算式。我們以定期存款開始本節討論，是因為預期回報是實數，而且一般而言，也不太需要思考銀行信用等風險。長期投資指數ETF或藍籌股的論述就是它們有8%至10%的長期回報，但這個回報亦靠長時間持盤而產生。

這方面筆者感受最深的，還是疫情之初的客戶持盤。當時不知道疫情會如何演變，更不知道各國政府放水大灌的後果，到底局勢如何發展難以看清。但是機構級的投資者仍然持有最穩健、最保守的公用股等高息股，當散戶在煩惱要否進場的時候，機構投資者卻每季收到股息，財政只有愈加穩健。大部分我接觸的客戶，亦按前章所述的方法，定期再投資到這些倉位。因此，到了疫情後的2023年底，我們有客戶的公用股持股，以股數計增加了一倍，這倉位的現金流也增加了一倍。

有時候散戶最大的心魔，就是多等一段時間，也許股價會更低，回報就更吸引。但是正如上面定期存款的例子，假如一等就等了幾個月或更久，少賺了股息更有可能等不到理想入市價格。英語論證這層關係，就常說「Time in the market」和「Timing the Market」。與其守株待兔，等待可能會來但也可能不來的時機，倒不如以合理回報為目標，盡量爭取「在市場中」的時間。這也是近年機構投資者以各地指數ETF為組合基礎的原因。

通常討論滾雪球效應，大家都知道小富由儉，明白堅持投資紀律有一定的效果。但是資本開始累積之後的效果，卻有時不太清楚。跟不同客戶和朋友討論之後，我將不同的心態歸納成3種：朱元璋的廣積糧、曹操的屯田制和畢非德的滾雪球。這3個概念在投資世界中屬於不同層次，長遠效果也很不一樣。

朱元璋的廣積糧強調的就是傳統的小富由儉心態，透過儲存來累積實力。任何投資組合都必須經過這個階段：就算是由政策成立的機構投資者或富二代的投資組合，原始資本也來自於其他人的累積。然而，如果僅僅積存資源而不引導成持續的生產能力，那麼一旦失去了儲備能力，就會坐食山崩。過去有謂「富不過三代」，因為在工業革命之前，財富主要是以實物資源的形式儲存。例如，清宮片裏面的豪富，都將一錠錠的白銀存進銀庫。但是白銀本身是沒有生產能力，因此到了有商業頭腦的一代遠去，家族失去了持續的生產能力，就只能以消耗白銀為生，最終打回原型。

曹操的屯田制比簡單的廣積糧想法，在轉化成生產力方面更為進步。曹操意識到在獲得勝利之後，必須將戰果轉化為新的經濟實力，因此他安排軍民搬進新征服的土地，重開荒田來增強經濟實力，再以這資源打下一場仗。本書提倡的基石盤，就是屯田的第一步：將資產化為有現金流的資產，就有持續的資金應付下一輪投資。

不過，屯田制是兩部曲，先打贏仗，再將戰果化成經濟實力，以支持下一場仗。換句話說，以屯田制比喻投資，其實假設了投資必須挑戰像打仗那種一次性的風險。例如，買科技股會以倍數上升，主要因為該企業的產品或制式成為了市場標準，企業產品由無到有，變成了大眾都會使用的服務。但能否成為市場標準講究天時地利人和，事前難以完全排除局勢變化的風險。例如：擁有最好的技術並非一定跑出，40年前錄影帶的制式就由技術較差的標準贏出。因此，買科技股是有打輸仗的風險。屯田策略因為有穩定的基石盤，看錯了一次市，也不會影響整體投資組合的穩健。這就有如曹操輸了赤壁之戰之後，仍能回到北方養息，沒有像袁紹、呂布等，「燈一次」就全盤皆輸。

相對屯田策略，畢非德的滾雪球則更上層樓。滾雪球強調持有的現金流資產亦應持續增值。以上述的土地比喻來討論，屯田並不期望在耕土地的生產力能提升多少，但是滾雪球則留意這些耕地能否持續增產。而且，土地增產有極限，但是金融資產可以一直累積升幅。

因為現金流資產亦每年在增值，就算回報率不變，換成現金也會愈來愈多。例如，某隻現金流資產能以每年12%增長，6年後價值就翻倍。投資者什麼都不用做，6年後每年拿到回報就是雙倍。而且6年後，就以雙倍價值再滾存，再6年後再次翻倍。換句話說就是12年後變成了4倍。這就有如曹操不再打仗，但掌控土地能在十餘年提升產量4倍，是1800年前的屯田策略所不能預視的變化。

本書的策略並非在屯田和滾雪兩者之間選擇。基石盤盡量貼近滾雪球的生息再增長的目標，但同時亦可以用屯田的以戰養戰心態，選擇兩三隻樓梯盤。到了樓梯盤投資成功，整個組合踏上了更高台階，則可以進一步增加基石盤的投資，變成一個循環。

3.2 基石盤真的會增長嗎？

在第二章討論基石盤，重點之一就是債券長期不會升值，因此長期就會跑輸以藍籌股和ETF組成的基石盤。但是理論漂亮，也需要數字支持。因此，下面我們算出了各主要股票市場自指數成立以來每年平均總回報。這些數據展示了各主要股票市場自指數成立以來，或彭博所提供的最早日期起計的每年平均總回報。這些回報率為美國納斯特指數13.8%，恒生指數11.2%，美國標普500指數9.5%，澳洲ASX 200指數9.1%，英國富時100指數7.4%，日經225指數5.8%，新加坡海峽時報指數3.9%。

這些指數的回報，除了新加坡之外，都超過長期持有債券的利息收入。雖然說，本書關注現金流，而這些指數的股息率一般都不太高，但如果投資者仍在累積期，直接投資相關的指數ETF也未嘗不可。因為指數的每股派息額，亦會逐年增長，因此現金流亦會慢慢增長。當然，如果已經建構了本書理想中的基石盤，也許就會另有一些相對高息的持倉，例如前面討論過的高息ETF，以增加整體的現金流。

這些指數自成立起，都經歷了數十年，當然有很多不同的經濟狀況。因此我們也將各指數以每10年做一個區間，觀察在每一個區間的每年平均回報。我們發現有主要有以下3類狀況。

各經濟體指數自成立以來的每年平均總回報 (%)

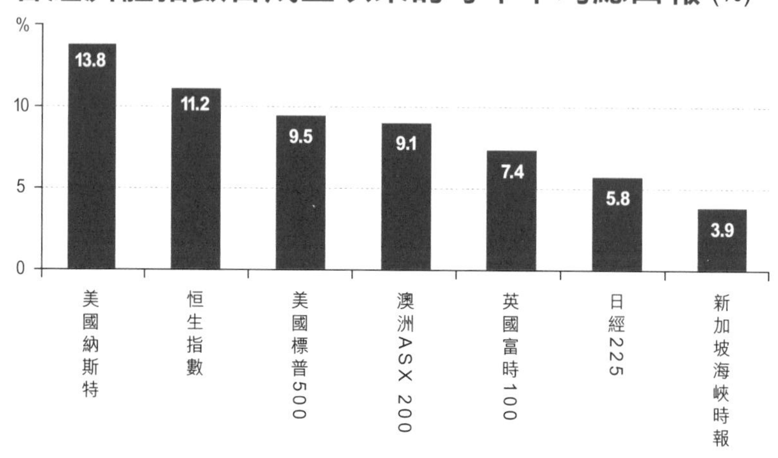

來源：彭博

1. 黃金時代

主要市場都已經工業化，所以都經歷過急速工業化的黃金時代。他們的指數當然在黃金時代表現最好。例如美國二戰後的1950年代、日本的1980年代以及香港的1970和1990的兩次十年，指數回報都在20%左右。

根據七十二法則，18%回報之下，資金雙倍需要4年，10年就是翻倍兩次以上，變成了4倍以上的回報。例如香港雖然在1998年開始了亞洲風暴，但自1990年起的10年來算，回報還是有六倍半。

美國在1990年代經歷了第一次科網股浪潮，因此納斯達克指數在1990年代做到了每年32%的回報。這也是一種工業化，不過急升之後，接下來的10年就變了負數。

2. **普通時代**

就算錯失了工業化那種黃金時代，普通環境之下，這些指數大部分都有5%至10%增長。能維持這個增長幅度，長期結果不會差。

不少機構投資者的每年回標是8%，就是因為每年8%在10年後資金就上升了2.16 倍，20年後就有4.66倍。每年回報有10%的話，10年後是2.59倍，20年後是6.73倍。能穩定、被動地做到這些結果，應該大家都不會不滿意。

3. **危機時代**

經濟有榮有枯，但是股市的復元能力其實很強，不少危機很快就可以對沖了。新冠疫情下，除了香港可能是開關較遲之外，其他市場由2020年1月起持有指數基金，其實回報普遍還是有5%至8%的回報。2008年的金融海嘯塑造不少當代人的投資觀，但處於震央的美國和英國股市，以10年計還是打和了。10年投資打回原型，輸了通脹又浪費了時間，當然不能滿意。但是如此危機下仍能保本，其實已經顯出了核心投資的威力了。

下頁表格也有幾個負回報是「蝕入肉」的。當中最差的是納斯特指數在2000年代，第一次科網股爆破後的10年。但這部分是因為2000年正是那一次浪潮的頂點，基本上是高位入市了。如果以1990年1月1日起計算20年，或由2000年起計算20年，每年總回報分別是11.4%和5.12%，回歸到指數的長期表現。

另一次10年蝕錢，則是美股在1930至1939年的表現，當年是全球經濟大蕭條，之前1920年代又是紙醉金迷，情況和納指上面的情況有點類似。

上面數據之中，最值得擔心是日本在迷失二十年的時候，股市亦連跌20年。但阿Q地說，長揸20年不行，長揸30年還是可以，因為日本股市在2023年及2024年初已大幅回升。

各大市場每10年計的年均回報率（%）

	2020-2022	2010-2019	2000-2009	1990-1999	1980-1989	1970-1979	1960-1969	1950-1959	1940-1949	1930-1939	1920-1929
香港	**-8.4**	+6.5	+5.8	+22.2	+12.4	+18.9	+8.5				
新加坡	+4.2	+4.5	+2.0								
澳洲	+6.2	+9.7	+9.9	+8.3							
日本	+5.3	+10.5	**-4.6**	**-6.5**	+19.4						
英國	+2.9	+7.5	+0.4	+1.1	+15.9						
美國納斯特	+8.7	+18.0	**-6.3**	+32.7	+12.4						
美國標普	+7.6	+13.4	**-0.8**	+18.1	+17.5	+5.9	+7.8	+19.3	+9.5	**-3.4**	+8.6

來源：彭博

和客戶討論以指數長期持倉，通常客戶最擔心都是過去40年很特殊，東亞、北美、歐洲之間的全球一體化，而且主要國家之間沒有戰爭等事件，是個歷史少見的昇平年代。另外，是因為全球一體化也好，還是因為美國聯儲局等央行能力高也好，這40年來通脹一直低企，因此利率持續向下，令股票市值大增。

還有，電腦資訊革命由1970年代開始，這40年來改變了世界，令世界生產力大幅提升。因此，經濟好，企業業績提高，股市因而大漲。又相對以前的幾波工業革命，資訊革命的資金需求較低，企業不需持續以資金密集的方式投資本業來維持競爭優勢。因此企業尤其是美國企業，近10年來可以不停回購股份，從而令每股價值上升，利好股票投資者。但如果下一波科技發展是資金密集，則沒有這個因素了。

本節的分析盡量回看長一點，亦看到指數回報在全球一體化之前，亦有類似穩定性。似乎疫情或單次金融危機等的長期影響都偏低。只要不出現日本那種長期低迷，表現還是理想的。而且，本節分析採用了最基本的買賣策略，簡單假設了投資者在每10年的第一天買入，然後就長揸不放。但例如月供或再平衡等執行策略，在這個框架之下再進一步對沖風險。

因此，總括而言，除非判斷了某一經濟體會演變成日本那種以10年、20年計算的長期經濟下行，否則基石盤的回報還是高於長期定存等策略。20年前，筆者剛回香港工作，就接觸了不少投資了舊東家的全球房託基金的日本散戶投資者。這類投資者也在那個時候，逐漸明白日本經濟也許需要很長時間才能回復。但因為不少人都分散投資到其他市場，主力也是房託或其他高息股產品，因此定期收到逐漸增長的現金流。而且當時日本長期處於通縮，現金收入的購買力更逐步上升。長期通縮自然不是常事，但這也是基石盤有用的又一個佐證。

3.3 樓梯盤如何找？

對不少投資者而言，前面章節談到的基石盤其實已經很足夠。例如退休人士能每年拿到4%至5%股息生活，再有3%至4%的增值，抵消了通脹壓力，其實也不用多作他想。又例如本業發展順利，有沒有累積資本也會多工作多10年的專業人士，做了穩定配置後亦可以從容累積投資時間。

本書討論的燈塔策略，建立基石的目的還包含支持再上一層的樓梯倉。正如前述，樓梯盤往往只有兩三隻股票。本節後面提到的畢非德的早年持盤，甚至單一倉位佔了管理資產額的三成半，完全打破了現代基金業的操作守則。

因此，樓梯倉通常都是高度集中，只有在投資者有優勢的時候才會出手。賭場上的賭仔也有類似想法：《賭俠1999》有一幕描述了劉德華教導張家輝如何賭馬。看了整天的現場直播後，他們卻沒有下注任何一場賽事，原因是他們看不到任何機會。未能找到合適高增長機會，倒不如不要買。在股票世界，這一般都需要建立某種信息優勢，看到其他投資者掌握不了的投資原因。這樣說或會被誤解成內幕交易等犯法活動，所以先聲明我並非這個意思。

這種優勢一般來自於投資者本身的生活，因此非常個人化，難以一概而論。但在這裏，我們可以舉幾個例子。在境外，基建信託擁有機場、港口、收費道路等資產，資金密集又派息穩定，是房託的兄弟板塊。筆者在美國、澳洲的同行，經常會招聘前議員助理當分析員，原因是基建信託要暴升，離不開拿到擴建基建的批文。

在美澳等地，許可通常由市議會等機構批准，如果像是收費公路等，橫跨幾個縣市，往往就需要涉事的幾個市議會甚至再上一層的州議會批准。因此，我們局外人要了解文件走向已經不易，更遑論準確預測企業能在什麼時候拿到批文。但是這些前議員助理了解議會運作，明白各黨派的實際立場，更知道議長、委員會主席、甚至不同議員的個人取態，就更清楚誰的計劃能夠過關。

如果一位前助理分析員主動找其他議員助理吃飯，直接查詢某個基建項目什麼時候辯論，那當然屬於內幕交易。但前助理分析員只需仔細閱讀這個立法年度的會議安排，憑經驗估計討論基建的會議時間。再由公開資訊之中，整理出待批項目的列表，然後以自己對議員的了解，估計出會優先處理的項目。由這種分析估計不同基建信託的成功率，就非內幕交易，但仍是對投資有用的資訊。

又例如醫藥股基金常會聘請醫藥研究博士做分析員。也只有這些拿着名校博士學位，曾待過研究所的分析員才能先飽讀學術研究報告，再結合各公司的公開説辭，找到下一波研發成功又能大賣的藥物。和上面基建股分析員一樣，如果博士分析師聽到朋友具體描述某藥物的研究進度，或者會是內幕交易。

但是如果只是每天持續監察公開研究，再加上自己的見解，就是合法合情的股票分析。這些研究報告也全是公開資料，雖然不少網站會收月費或年費。不同學系的教授朋友都有給我看過版面，每天新上線的報告就有好幾十份。就像普通人每天都會看新聞一樣，每天早上學者也會看這些報告的清單。但這些報告連論文題目都是專業名詞，再加上論文都為了同系其他學者而寫，沒有三四個小時我也看不完一份，更違論由此結合到公司基本面了。因此，醫藥股分析員能看到的科技發展，又非局外人能輕易掌握。

還有一個例子，禮來公司（Eli Lilly and Company, LLY）是著名藥廠，在2022年底就成功研發出新派減肥藥，在香港都有醫生能買到該藥物的時候，股價還未有反應。那時候剛好出席了幾位醫生的飯局，大家都覺得該藥物似乎真的有效。到了2023年，該藥物帶動了股價，到了12月初全年升了五成以上。

但在12月，逐漸有負面消息，説該藥的確有效，但是病人一旦停用藥物，體重亦會自然反彈。但我在一年前的飯局，幾位還未真正買到藥物的醫生都已經論證了這個問題，認為藥物最有效只是幫癡肥到已經不能運動的病人減磅，但之後還是要靠病人改變生活習慣才可以得以維持。因此，有效的行業知識，就算只看公開資料，除了禮來股價大升的論述之外，更連股價後來回跌的論述都早在一年前就知道。

再簡單一點，我由大基金訓練，「紅褲仔出身」的就是商業地產，但是近年旁觀科技股亦有個人見解。後來多思考之後，部分是因為我二十多年前在麻省理工唸電腦，和近年發展相比，雖然有點落伍，但我仍懂基礎理論，可以自修惡補。但科技基礎之外，更重要是在大學見識過各類科學家，又見識過當年整個電腦界如何杯葛蓋茨。因此，今天看到馬斯克那些出格行為，其實也未算太瘋狂，也不會單單因為他愛闖禍，就完全排除了他主理的企業。

那是否代表沒有這些行業經驗，就不能投資樓梯盤？當然不會，但讀者要先明白這類高增長持盤，對手到底是什麼人。自問不懂悉尼市議會運作，當然可以繼續投資悉尼機場這隻基建信託。但就應該視之為基石盤的一部分，不要期望在擴建消息等方面有太大斬獲了。

例如，假設某隻基建信託旗下機場的飛機升降量已趨飽和，擴建多一條跑道是事在必行。以基石盤的心態持有，落實擴建計劃的時機不太重要，反正等待期間都有息收。按本書的策略每年再投資的話，逐漸增加股數，待得幾年後擴建計劃落實，整個倉位自然水漲船高。但如果以短炒心態入市，擴建計劃在議會拖延一兩年的話，就面臨了要否沽倉的選擇了。

當然，前議員助理也好，醫藥博士也好，都只是一個名銜。有志研究某一板塊的投資者，當然可以自己學習分析，要在能影響股票的地方，建立類似的知識水平並不太難。最難的反而是在市況逆境的時候，仍然能堅持自己的看法。要知道，樓梯盤要贏，就要先形成有效的投資論述，然後在市場不認同或忽略該論述的時候入市。再等時局發展證明自己的論述，基本面才會改變，股價則再追上來。

麻省理工的醫藥博士看中了一隻新藥，當然不會在乎市場在吹什麼風，也會繼續持有，甚至進一步增持。到了新藥研發成功，股價就自然上升。所以，醫藥或電腦博士也許可遇不可求，但這種橫眉冷對千夫指的氣魄，我們也可以學習。

本書反覆論述的燈塔策略，就是建立起現金流，讓我們可以專注研究這些樓梯盤。例如，沒有現金流和應急錢的話，突發事件一起，可能就要賣掉樓梯盤來應付。如此一來，行業和個股發展看得再準，意義也不大了。

下面3節會討論3個具體的策略:資源轉換投資、買入特價基石股以及發掘具潛力科技。當中，資源轉換涉及融資策略和企業架構等變化。基石股忽然特價也必有原因，如果找到下跌的具體原因，則可以考慮買入再等待下跌的原因消散。科技股暴升是因為科技突破了，變成了一門賺錢生意。

留意這些策略的投資論述都直接有相關事件。要成為合格的增長機會，就先要可以具體寫下將會刺激股價的事件，例如「我認為股價徘徊在5元左右，有七成機會出現合併提案」或「該企業的新藥將醫治糖尿病，潛在需求以億人計算」等。而且，除了極少數特例，這些等待中的變化，應該只需要兩三句句子，否則反而證明了分析師或投資者尚未了解該股票的核心故事。

3.4 樓梯盤攻略一：資源轉換投資

大家討論畢非德的致勝策略，一般都會集中討論他看中美國運通、可口可樂、蘋果等大型企業，在合理股價買入，然後長期持股，讓優質企業累積盈利的複合增長，亦同時帶動股價上漲。自1995年起，巴郡就將畢非德的致股東報告上載到網上，所以大家都自然會聚焦討論畢非德這30年來的投資思維。但那時候巴郡早已成為了投資旗艦，可以投資的策略反而已經開始收窄。

長揸優質股亦非畢非德的唯一板斧。畢非德在1957年起經營自己的基金業務，亦每年有寫投資報告。當年他稱他的樓梯盤為「work outs」，集中投資融資或架構有問題的企業。這些企業當然會股價低殘，因此跟當年畢非德的師父在經濟大蕭條時候，專投資股價低的股票是一脈相承。

例如，當年不少企業會承諾凡是工作滿一定年期的員工，退休後都可以拿到公司的退休金。公司一般都會預留資金做退休金儲備，如果作風保守而投資有道的話，這筆儲備可能遠高於退休金的實際需要。因此，那時代的一個投資策略就是要求管理層幫員工，在保險公司購買現金流等同的年金，那麼公司就兑現了退休金承諾。而剩下來的儲備就可以當特別息派發給投資者。

企業負責退休金，是七八十年前常態，現代甚少再有類似機會。但是他們亦有尋找一些股價低殘的股票，期望在合理時間之內有人提出收購，帶動股價上升。當然，如果是聽到風聲甚至買家已經開始了收購行動才入市，就有機會變成犯法的內幕交易，又或者被判斷成買家的聯合行動方，要一起按收購合併守則行事。因此，收購標的一般都是先選潛在標的，投資後慢慢等待。

例如，房託及地產股屬於資源密集行業，持有的地產資產都是有價有市，因此我們可以算出淨資產值。有時候，市場覺得這批資產留在現管理層旗下，或留在現有的上市模式之中，並不能發揮其盈利能力，所以就出現了長期折讓。

這個時候買入了，一年半載後或會出現收購案。也許是同業想收購這批資產，兩隻房託合併後的資產規模上升，成本就會降低，房託和主要租戶談判時，實力也有所提升。也許是私募基金甚至私人投資者，或會改變經營模式，或會重建改建，或會出售房託內的弱勢資產，因此希望私有化這批資產。

就算收購案不出現，股價低殘股息就特別高，長期持有亦多賺了現金。以過去兩三年計，筆者旗下基金就持有了3隻這類投資，基本上是每一兩年就會出現。2023年的一隻不是收購標的，但下面我們會解釋這個策略的現代版，也包括了其他的重組活動。

收購及分拆上市案例

年份	標的	企業行動
2021年	Invesco J-REIT	被私募基金私有化
2022年	American Campus Communities	被私募基金私有化
2023年	Abacus Property Group	分拆旗下迷你倉業務獨立上市

尤其是2022年American Campus Communities（下稱 ACC）被黑石收購一案，就完全顯現了這個策略的優點。ACC原為美國上市房託，專門經營學生宿舍。在2022年 4月，黑石旗下私募基金提出了全面收購提案，一直到了2022年8月才完成收購。4月公布的收購提案是每股65.47美元，相比過去3個月的平均股價有22%溢價。 22%溢價已經是不錯的回報。

但更重要的是這4個月正值聯儲局大規模加息，因此高息股如房託就股價受壓。但當時ACC收購案經已公布，市場亦傾向相信此案能成功，ACC的股價就長期貼近收購價，亦因而大幅跑贏了所屬板塊。

ACC被收購大幅跑贏XLRE

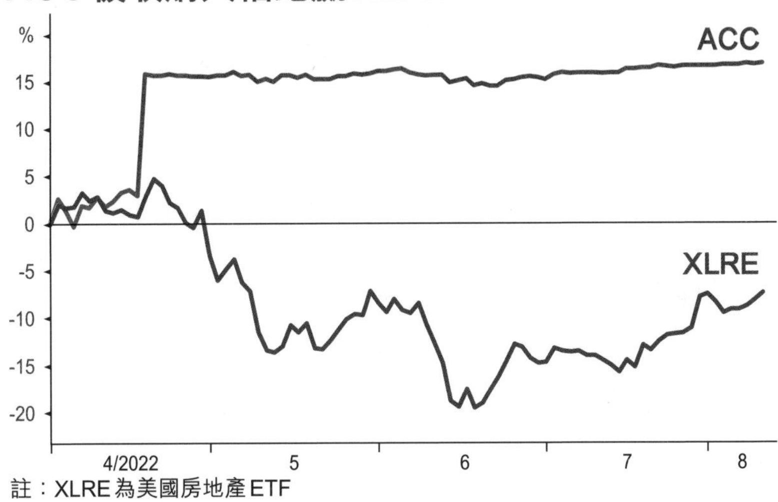

註：XLRE為美國房地產ETF

畢非德是六七十年前做這類投資，之後亦有人持續改進。讀者如有興趣，馬丁偉民（Martin Whitman）曾著有一本*The Aggressive Conservative Investor*，就將這林林總總的企業架構改變，通稱為「資源轉換」。筆者在大學教授資源轉換，通常將之定義如下。

> *資源轉換投資法是一種尋找具有價值投資潛力的公司的方法，並且在這些公司進行重大變革或轉型時投資。投資者應該關注那些具有良好基本面但暫時陷入困境的公司。這些公司可能會因為市場環境、管理問題或其他因素而陷入困境，但它們具有轉型或重組的潛力，通過改變經營策略、資本結構或業務組合等方式，將有望實現股東價值的增長。*
>
> *這類公司因為一些嚴重但可以解決的問題，一般都會令股價對NAV出現深度折讓。而外在投資者的投資論述，就是等待管理層或大股東解決這些問題。*

這套策略的核心理論是就算企業營運狀況良好，也可以因為融資結構或持股結構不理想，而股價低殘。商業地產就是最好的例子：例如香港等大城市的全幢出租住宅，只要裝修不太殘舊，一般都不愁出租，因此任何稍具專業知識的團隊都懂得營運。但是如果持有資產的企業槓桿率太高，投資者也不會對股票有興趣，因此股價就會長期低殘。

這個問題要解決也不難。管理層可以出售一部分資產，將回籠資金用以還債，就能降低槓桿率。如果已經處身金融風暴，不能出售資產，2009年的澳洲房託就紛紛供股，集資還債，雖然股價大幅攤薄，但解決了問題，企業也就可以重新上路。

因為資源轉換涉及各種救亡策略，管理層能做的具體行動很多。投資銀行向管理層提供顧問服務，所謂的「就機構融資提供意見」，不少就是牽涉這些行動。但是整體而言，大約可以分為3類。

1. **現金及債務管理**

   企業手上現金過多。例如1991年日本股災，那時候管理層仍對前景有信心，因此大量保留現金，以作將來收購用途。但是反彈遲遲未到，演變成迷失二十年，就有不少日本企業手上現金過多，每股持有現金甚至超過了股價，而企業本身的營運狀況亦沒有問題。這些狀況之下，只要管理層更改現金策略，將多餘現金以特別息派發或用之於股本回購，股東都會受益。

   完全相反的是企業負債過多，演變成破產危機。當企業有確實破產風險，股價當然會趨零。企業走到了破產邊沿，一類是策略錯誤或經營不善，業務萎縮到不能支撐原來的成本架構。要解決這種破產要大規模改革企業，往往會在破產後被私有化，散戶未必能容易參與。

   另一類是本業狀況尚可，又或者持有資產良好，問題只是借錢太多。這類股票可以債務重組。重組之時或牽涉供股等攤薄股權的作業，因此事件解決前持有股票的風險不少。但是問題解決之後，往往有一段時間市場仍未接受企業的健康狀況，但企業其實已經沒有問題，可以投資。

2023年底，股價兩元多的惠理集團（00806）公布派發每股0.5元的特別息，以18億股計算，花了帳面15億的現金中的9億。這都是資源轉換策略的例子。購入惠理集團兩元多的成本拿回0.5元後，變相八折入股。投資者可以在拿到特別息後賣股，有時候亦可以看成企業開始改革業務，繼續持有。

2. 增持或放棄子業務

企業業務應否單一或多元化，有鐘擺效應。理論上，市場當然希望能找到專家營運企業，所以企業的最佳形態是業務單一，高層團隊簡單直接。例如鋪設巨型海底電纜是很專門的技術，當然最好就是找到這方面的專家直接做行政總裁，整家企業都按這門業務所需而發展。

而且市場看好某一板塊，愈單純的企業，理論上升幅愈高。2023年投資人工智能不容易，就是因為暫時領跑的都是資源龐大的巨型科技股，投資者自然會擔心，例如微軟或谷歌，就算贏了人工智能一役，如果其餘業務大幅萎縮，持有這兩家母企的投資結果就未如理想。

但是反過來說，這也是大企業經常會有子業務的原因。畢竟，要從無到有，白手興家的創業很難，不少新業務都由現有企業所發展。甚至企業為了某一競爭優勢，可能發展了和本業不太相關的業務。例如本港的地產類股票，如果擁有龐大的商場業務，都會支持甚至入股餐飲業務。餐飲企業「靠了碼頭」，在商場能拿到好位置，甚至在必要時候可以談判租金等，亦是個好選擇。

到了企業全盛期，子業務就算獨立營運亦是盤好生意，到時候就經常會出現股價低於子母企業分別估值的總和。有時候問題只是純粹的後勤或融資支援：太古系重組成太古集團和太古地產（01972）之前，需要大量融資的地產業務就和借貸率不會高的汽水業務在同一企業之下，全企業的債務比率如何決定，其實並不容易回答。

有時候這是市場懷疑同一架構內，兩者能否同時管好。例如福特汽車在2023年將公司內部重組為汽油車、電動車和金融服務3個子業務。在未來就很容易會變成紛爭，部分策略會否側重了汽油車或電動車其中一方。到時候，分拆也許是個好策略。

再有時候，太複雜的企業根本很難分析。畢竟，股市和股民握有最終主動權。企業更像中學舞會之中，坐在舞池旁邊的中學生，沒有人過來邀舞的話，再漂亮也可能會食白果。過於複雜的企業，願意分析的投資者變少，缺乏支持股價就偏弱了。

企業分拆有不同策略。如果企業有融資需要，或會將子業務初次上市，以藉機會融資。如果企業擁有超過一隻上市公司的控制權，則可以以系內重組的方法，將性質相近的業務集結在同一上市公司之下。

現代比較流行的，像太古和九倉的分拆案例，則是母企業在某月某日將子企業的股份按一派一，投資者每持有一股母企業，則拿到一股子企業，在當日開市前兩者的股東名冊就完全一致，然後市場就可以按投資者自己的需要和看法，買賣兩者的股份。對散戶的結果，分拆成了兩家企業後，兩者股價的總和，都應該高於分拆前的股價。如果管理層沒有信心的話，也甚少會花時間精力去分拆。

和上面現金類資源轉換一樣，持有股票分拆後，可以賣掉賺錢，也可以繼續持有。我的經驗是當初入市買這類股票，大都對兩個業務之一有長期信心。因此見過的例子不少都是將其中一個業務賣掉，贖回部分資金後，繼續持有長期有信心的一邊。

像本節初段，我列出了成功案例，2023年持有澳洲房託Abacus。我們進場之初，投資論述就是看好該房託的迷你倉業務，但在其他選擇不多的情況之下，亦唯有接受其原有的寫字樓和工業大廈組合。但在2023年該房託就將迷你倉業務分拆上市，並為迷你倉招股集資。到了整個分拆案完成的時候，我們就拿到了因分拆而派發的迷你倉股票，又賣掉了母企的股票，再將資金購買更多的迷你倉股票。

3. 股權及管理層改變

市場失效的時候，股價可以長期偏離企業價值。這時候購入股票，等待收購其實也是一策。不過，改革企業不一定需要出現收購合併案。有時候更換管理層也可以出現同樣結果。

這些分析亦需要行業知識，曾有房託股價受壓是因為旗艦資產的空置率高達三成，遠高於市場平均值。那麼到底是當時的行政總裁失策，還是「巧婦難為無米炊」，換不換人分別不大？如果是前者，只要等現任行政總裁退休，又或者在大型股東壓力下請辭，股價的確會上升。但是如果是後者，可能市場還怕現任退休之後，情況更為混亂，現任行政總裁辭職一刻，股價會進一步下跌。

傳統資源轉換策略也許會買好幾隻類似的股票，然後慢慢等待，但現代亦有不少專門從事這類業務的基金或投資者，會在購入股票後向管理層提供意見。在最好的狀況之下，管理層樂於聽取有心人的意見，改革之後股價上揚，對管理層、基金、以及散戶都有利。

但上市企業管理層除了能力之外，性格也大都強勢，否則就通過不了出任高管前的20年荊棘。另一方面，以上幾種資源轉換，都要求有行業知識，以及一定的金融知識，能駕馭此策的投資者往往都有能力直接管理企業，管理層自然會懷疑基金是否有其他目的。因此，管理層和基金一有意見分歧，也許就會演變成傳媒罵戰或代理權戰爭等事件，散戶夾在中間就方向不明了。

另外，這些資源轉換交易當中，只有私有化一項是全數拿回現金，投資者可以輕鬆選擇下個戰場。如果是合併案，有時會有現金收購，但往往亦會拿到收購方的股票。至於加派現金作特別息等作業，更會在事件後持倉未變。上面討論這些策略的時候，是否繼續持有的答案都是「看之後發展」，好像很籠統。這是寫下具體投資論述的好處：假如投資論述是純粹「這家企業現金太多，應該派特別息」，那麼派了特別息之後就是時候賣股。如果投資論述是「這家企業營運狀況良好，但現金流太多，X部門佔用資源太多，急需全盤改革」，那麼派發特別息可能只是改革的第一步，投資者雖然已經得了好處，但投資論述未完成，則會傾向繼續持有。

樓梯盤限制持股只有兩三隻，亦可幫忙投資者做決擇。簡單而言，這是鴿洞理論的變奏：如果只擁有兩間鴿洞的話，養鴿人就要選擇哪兩隻鴿子最能遠飛。放棄的其他鴿子，不一定不好，只是不夠好而已。如果完成交易後，股票跑不贏其他機會，那麼全數出售就很合理。如果交易只是大改革的開端，投資者合理期望企業之後幾年會因為這波改革而基本面做好，甚至屬於自己分析過最有機會的兩三隻，那麼就可以繼續持有，等待下一波的增長了。

3.5 樓梯盤攻略二：特價基石股

畢非德最為人所熟識的當然是他入主巴郡後的長期持股。因為巴郡致股東的信都在巴郡網站，畢非德的寫作能力亦優，因此大部分人想了解長揸派心理，都會先拜讀這批公開信。再加上他的長期業績理想，就自然成了長揸派的經典例子。

畢非德最後逐漸放棄了前節所述，早年經營基金時候的資源轉換投資法有幾個原因。第一是經營不善的企業，往往市值都不高，巴郡資本額太大，操作空間有限。這點對香港散戶尤其重要。香港很多值得資源轉換的股票，市值都在百億港元以下，日均交易額只有數萬或數十萬元。莫説是巴郡，就算是10億資產的家族辦公室，要將樓梯盤慣例的5%資金投入都有困難。

到了巴郡愈來愈出名，更會出現當巴郡買進某隻股票後，別人跟風入市。 現在巴郡買的是藍籌股，例如2022年和2023年巴郡就大量買入西方石油(Occidental Petroleum, OXY)。這類股票別人跟風對巴郡影響不大，但是資源轉換投資改變了股東結構，股價扯高後原來的投資論述也許就消失了。最簡單，買弱股等收購自然靠股價繼續低殘才有望吸引買家，但如果市場因為巴郡入市而湧入推高股價，那麼大家都等不到買家。但到這個時候，因為巴郡本身是股價高升的原因，巴郡也難以在不推倒股價的前題下出售持股。

第二是隨着巴郡的現金流愈穩定，畢非德更需要一些回報率稍低，但是發生頻率更多的機會。巴郡的持股，集中在巨型企業，都有美國甚至全球著名品牌和競爭優勢。畢非德看中這些企業的每年增長，認為就算只能以公允價值買入，經過時間累積，每股盈利亦會大升，從而帶動股價。這和前章討論的股息貴族是很接近的思路。

以下是巴郡在2023年第三季末的十大持股，都集中在一些民生、金融、以及資源股。巴郡在這些企業的佔比，不少都低於10%，最高亦不過25%。在巴郡所有上市持股之中，控制權最高的則在35%，巴郡都不算傳統意義的母公司。不過，上市公司投資只佔巴郡少於一半的價值，另外一半則是幾十家由巴郡全資擁有的公司，也許就類似本書的基石盤，負責提供穩定現金流。

近一兩年新聞時有提及的日本綜合商事企業，亦是負責大手交易各類資源及貨品。例如，幾年前筆者曾在聖誕酒會遇到一位剛好來港出差的主管，他的任務就是代表商事公司，長駐南美收購某種農產品，以供在日本的友好食品加工廠加工。這些業務非常專門，在建立了上下游關係，砌好了物流鏈之後，再加上商事企業的資金實力，其他人也難以複製。但這類業務也很沉悶，坊間分析或會觸及各產品的周期榮枯，但實際上長期持有，為的還是商事企業的貿易經絡。

巴郡在2023年第三季的十大持股

股票	行業	公司股權佔比	市值(億美元)	巴郡資產佔比
蘋果電腦（APPL）	消費品	5.9%	1778.7	48.9%
美國銀行（BAC）	金融	13.0%	316.7	8.7%
美國運通（AXP）	金融	20.8%	255.6	7.0%
可口可樂（KO）	食品	9.3%	235.0	6.5%
雪佛龍（CVX）	能源	5.9%	157.0	4.3%
西方石油（OXY）	能源	25.9%	128.6	3.5%
卡夫亨氏（KHC）	食品	26.5%	118.9	3.3%
穆迪（MCO）	金融顧問	13.5%	91.9	2.5%
三菱商事（8058.T）	綜合商事	8.3%	55.3	1.5%
伊藤忠商事（8001.T）	綜合商事	7.5%	46.6	1.3%

註：市值為 2023 年 11 月 14 日收市價，股權大部分為巴郡第三季公告
來源：CNBC

巴郡持股都很沉悶，其實亦佐證了本書第一章所說的，「冧把」只是投資的第一步。這些巴郡愛股，由於美國要收股息稅，因此派息率都不高，但大部分仍是及格的基石盤。將這些優質股視為基石盤還是樓梯盤，也許主要取決於投資者的操作流程。

基石盤對價格不太敏感，主要靠月供等平均投資法將買入價變得平均。因為投資者會按既定流程，每月或季再買進同一批倉位，對巴郡來說未必適宜。正如上圖所顯示，巴郡某些倉位已經控制了企業25%的投票權，再增持就往往需考慮各種法律或人情限制。例如法律就對銀行持股有限制，單一股東超過了界限，金融管理機構就需審核股東的合適性。如果過不了關，銀行牌照可以被吊銷。就算過了關，銀行的重要股東也往往有投資其他資產的限制，反而影響了巴郡其他的投資。因此，巴郡未必不想以基石盤的心態加碼投資現有持股，但現實上卻有不同的限制，因此他們就需要不停尋找新機會。

當然，一樣是優質股「冧把」，也有投資者的操作流程更為進取。本書最後一章會列出幾個筆者認識的真實持盤。在2020年，滙豐因應英國政府要求停止派息，其中一位投資者就大手買入滙豐，因為他估計「匯豐三兩年後恢復派息，股價可以回到60元」，結果看法準確。2023年他就一直收集幾隻本地公用股，亦認為美元一旦減息，這幾隻業務穩健，3年來派息沒有削減的企業，股價或會大幅上漲。

之前寫過，投資樓梯盤必須有能寫下來的投資論述，而客戶的恢復派息論就是個好例子。2023年收集公用股，論述則是一旦減息，只要股息率由7%回跌到5%，股價就可以上升四成。有否投資論述，也許就是基石盤和樓梯盤的分別。反過來說，如果某隻藍籌股一直不是我們的基石盤，價格又下跌了兩成，但是找不到乾淨簡潔的增長論述，就證明了還不是買入該藍籌股的時候。

3.6 樓梯盤攻略三：投資科技避過德川效應

科技股吸引投資者，最根本原因當然是暴升潛力。馬斯克曾豪言特斯拉有一天市值能超過蘋果和沙特國家石油公司（Saudi Arabian Oil Company, TADAWUL）的市值總和，以2023年股價算就是4.5萬億美元；部分特斯拉的超級好友，甚至算出了到了2030年，特斯拉市值能超過10萬億美元。一般人第一個反應就是美國GDP才二十幾萬億，單一企業的市值怎麼會有全國GDP的一半。

但是單單以現有經濟規模去對比某企業就往往看不到新增產值。2030年10萬億的估值，大部分都算入了特斯拉人型機械人會成熟。這類好友論述就認為企業自己受惠之外，機械人業務亦會突破發達國家的人口樽頸，經濟會迎來一波高速增長，到時候GDP就不會只有二十幾萬億。

曾幾何時，蘋果市值不足一萬億美元的時候，亦有人認為萬億市值的公司不可能出現，但現在不單是蘋果，萬億市值的企業有6家，而且除了沙特國家石油公司之外，全部都是大家都熟識的科技股。

全球市值超過一萬億美元的公司

(2023年11月，萬億美元)

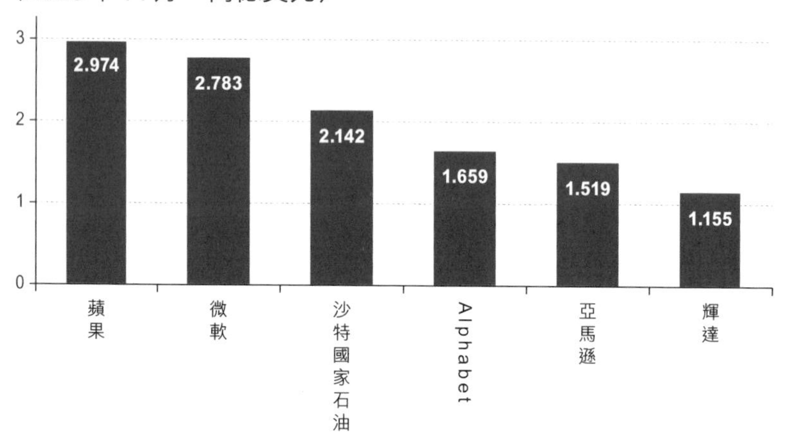

科技股跑贏了，傳統經濟自然相對跑輸。自工業革命以來，每一波科技所創造的經濟貢獻都遠高於當時的經濟。例如馬車被汽車取代，和馬車相關的企業和工作崗位也就消失了。但就算未被取代的其他舊科技，隨着產出佔經濟的比重下降，由此產生的財富佔比亦愈來愈少。1600年代日本戰國時代結束，當年戰功最高二百餘個家族受封一萬石以上的土地，成為之後掌控日本社會200年的精英階層。

筆者曾經估算，一萬石土地的現值約為5,000萬港元。5,000萬港元以我們的基石盤投資，可以每年產出200萬資金，當然仍能支持優質生活。但是靠5,000萬港元去承擔掌控社會的責任，卻力有不逮了。

德川家族當年是和平交還權力，後代一度還是貴族和參議員。當然德川家族還保有其他資產，但他們公開財政紀錄的慈善團體德川紀念財團，在2022年底資產是23億日元，折合約1.2億港元。要在工業化的發達社會找資產超過德川紀念財團的新興家族，也不算是難事。我公司自己考證後的估算，在香港也應該有好幾千乃至上萬人。

德川家族脫離了權力核心，也許後勁不繼。但現時仍處於體制尖端的英國王室，資產亦追不上工業家和科技新貴。英王自己的資產不是公開資料，但是負責王儲開支的康瓦爾公國，偶而會公開財政資料，20年來的幾次報告都是數億英鎊。數億英鎊家族的常見度就不再是「香港會、遊艇會任何餐廳都有幾個」，但是無論是和二戰後50年的工業家相比，還是和現代的科技新貴相比，還是有點距離。

王室、將軍這類傳統貴族的財富來源就是土地，而土地的生產價值大都和農地相關。貴族手上財富追不上工業家，其實也就是第一產業的重要性下滑相關。200年前全球不足10億人，到今天全球人口接近80億人；而發達國家的人均農業品需求亦是200年前的幾倍，由此可見，人類每年生產的農業品比200年前多了好幾十倍。所以農業息微，不是因為農業產出萎縮，而是因為其他產業的生產力上升得更快。

有些其他方面很保守的客戶，就算不建立本書討論的樓梯盤，亦會在基石盤裏放5%至10%到追蹤美國納指的QQQ，心態就是怕資訊科技一直發展，傳統的工業股會愈來愈受壓。30年後，也許鋼鐵產量等工業指標還會高速增長，但如果像農業一樣，產業佔比逐漸下滑，到時候工業股的價值就比不上科技股了。

德川效應 —— 一萬石領主還算富豪嗎？

日本江戶時代，石高超過一萬石的就算是大名。大名是武士制度下的大領主，到了江戶末年，連同一些新封和分家，這些大名也只有269家。以當時日本人口約二三千萬計算，大名不是1%，而是萬分之一。大名之下，還有一層一層的官員，成為「一百石知行」就已經是很不錯的中層骨幹公務員。所以一萬石在那個社會已經是人上人了。

「石高」是領地在丈量土地後所計算出來的米產量，一萬石就指領地被評價為年產一萬石米。按維基百科，一萬石石高現在價值約值660萬美元，就是約5,000萬港元。雖説維基資料不能盡信，但是這個數字卻吸引了筆者。

在江戶時代，一石是59公升，就是約46公斤。根據本地網購商的物價，8公斤的白米約售90港元，一石白米就值517港元，所以一萬石就值517萬港元。當然，上述的白米價錢是零售價，而且領主產出了一萬石，還有各種開銷，所以實際所得只是上述數字的一部分。如果我們除以2，一萬大名的實際所得就是250萬港元，而5,000萬港元剛好是20倍，當為一萬石土地的地價也許並不過分。

2022年，在美國擁有650萬美元資產就是最富有的2%；在香港，則有超過6萬人擁有超過500萬美元。換句話説，當年大名家的經濟實力，也許在香港只是小富之流。

一萬石約值5,000萬港元，也許算得有點粗疏，但卻似乎有佐證。當然，一萬石是成為大名的門檻。當時的幕府將軍是德川家，而德川家連同旁支所操控的領地就有400萬石。再加上不算大名的幕府官員再控制了三百多萬石，德川幕府號稱有800萬石，等於400億港元。

德川家以外，石高最高的3家是100萬石的前田家、72萬石的島津家，及62萬石的伊達家。以現值來説就是50億、36億、及31億港元。數十億港元在現代當然也是富豪，但是恐怕連上世界富豪榜都有困難。

如有戰爭，一萬石大名有責任向幕府提供325名軍士。但是拿着年產的250萬港元，別説在香港，在亞洲任何稍具規模的城市都招不了幾百人。

如果要我選，拿着幾千萬在大城市生活，可以買到全球任何貨品或服務，消閒有完備的影音電視，身體出了問題有現代醫藥照顧，應該比當個一萬石領主更快樂吧。

3.7 識別「客戶潭」選出科技贏家

上一節討論了科技股，較保守的客戶的確會直接在基石盤投資QQQ，長揸10年。QQQ的每年平均回報超過15%，因此放在基石盤之中可以提高長期回報，避免德川效應。德川效應還有個更近身的例子，只要觀察歐洲和北美這25年的發展，本來1998年出現歐元之後，市場都期待歐洲一體化後的歐洲能和美國競爭。但是25年後，在全球五百強企業也好、全球債券淨發行量也好，美國的佔比沒有減少多少，反而中資崛起只是取代了歐洲的市場份額。香港搶不走紐約的生意，但卻搶了不少法蘭克福和巴黎的生意。

歐美這20年最大的分別，就是兩者對科技的態度。歐洲不停推出全歐盟的法規，其實有助全球進步。例如香港巴士就是按歐盟四期、五期的排放標準管理，直接改善了香港的空氣質素。而美國的法則監管就往往追不上，結果常常出現科技企業跑出後才慢慢監管的局面。像Uber在每一個城市落戶都和該市的士團體吵架，但往往到了Uber成為威脅之後，市政府就會以「民眾已經用銀包説話了」為由，批准Uber營運。

又例如自動駕駛系統，特斯拉仍要求駕駛者保持駕駛狀態，行車責任由駕駛者負責，所以基本上不需要牌照或許可，都可以一直試營，收集數據又再改進。但同時間，歐洲卻已經開始了規管人工智能的法律框架，英國亦在2023年10月開始的立法年度的英王演説之中，列出了人工智能立法的計劃。歐美這些政策分別，也許是科技股集中在美國的原因之一。

投資科技個股，投資論述就是投資贏家，希望可以做到「十年升十倍」。上述的想法其實就是找「十倍股」的第一個篩選條件：新企業必須是以全新方法解決某問題，才有可能在十年八載之內，變成該行業的霸主。這些浪潮經常在實驗室醞釀幾十年，再加上現有社會求變，才會變成10年一次的經濟蛻變。2023年底，似乎最大的變化是脱碳、人工智能、以及由人工智能延伸出來的「真正」智能機器。

值得投資的行業，必須有足夠深度的「客戶潭」。客戶潭就是整體潛在市場，英文為 Total Addressable Market，簡稱TAM。因此在好幾個線上群組裏，我們都以TAM的中文諧音，稱之為「客戶潭」了。近20年除了美國之外，另一個科技股有突破的就是中國。中美兩地最相似的，也許就是單一國家之內，人口眾多。一樣的網上服務，在其他國家只能服務幾百萬或幾千萬人，但在中美就能服務幾億人，因此資源也自然較多，發展也更容易。

但是在分析單一行業或個股時候，最關注的「客戶潭」甚少是當地全體人口。例如人工智能在2023年炒起了做晶片設計的輝達，但是輝達在人工智能方面的客戶是各大科技企業和科研機構，晶片暫時只用於數據中心。人工智能將來再發展，也許我們民眾並不需要擁有這類晶片，可能會像今天用YouTube一樣，經互聯網詢問數據中心，直接拿回運算結果。如果是這樣的話，雖然輝達人工智能業務的每位客戶都財雄勢大，但是「客戶潭」數目不到50家。

又例如，OpenAI在2023年底落實了人工智能app框架，鼓勵創業團隊用他們的框架撰寫新服務。同樣是法律服務，如果用戶對象是律師，主力幫忙撰寫法律文件初稿，那麼「客戶潭」就是法律界。如果用戶對象是普通人，幫忙解決一些簡單法律疑問，那麼「客戶潭」就可以是全體民眾。

在「客戶潭」之外，下一步分析的就是收入結構，也就是說具體而言服務如何收費。只會解決簡單法律問題，也許值不了多少錢，但能幫助撰寫文件，因此代替了師爺甚至年輕律師的話，價值就直接和他們的工資掛鉤。輝達被炒起，也是因為科技界巨頭願意用數以百萬計美元為代價，購買他們的新晶片。因此，知道了「客戶潭」大小，還要知道收入結構，才能知道市場價值。

過去兩次科技股變成泡沫，其實都和收入結構分析不清有關。不少有用服務找不到人來付款，最終變成了眼球估值。能吸引眼球的就能炒上，正是2000年那次科網股熱潮泡沫化的原因。疫情前走到尾聲的第二波科技股，不少靠月費和廣告收入營運，當然比眼球估值合理，亦因此壯大了不少企業，包括當紅的科技七雄之中，不少亦是靠這個模式生存。

傳統電視、電影、收音機等娛樂，就是靠月費和廣告收入生存了幾十年，因此營運這一波科技股亦非常合理。另外，交友和保持聯絡等活動，以前亦大都是免費，因此要付費就難以起飛，所以到最後也要靠月費和廣告。但是下一波科技發展，可能牽涉分享傳統有價值的資訊，例如醫生律師等專業服務。變成人工智能的網上服務後，民眾是否願意付錢，就成了行業能否起飛的關鍵。

當然，「客戶潭」夠深，收入結構又吸引的話，當然會有其他人逐鹿。這就牽涉到競爭者分析：誰的產品最好、誰的營銷策略最合理等，這些反而是最容易找到的資訊，亦變化得最快。本書簡化了基石盤，就是保留時間讓大家聚焦這些資訊。

另外，傳統工業股在收入結構之外，亦必須聚焦成本結構。100元的產品，我們生產成本是80元，當然比競爭對手要花90元有競爭力。但前兩波的科技股，到最後都是一堆程式，因此沒有邊際成本。科技股如谷歌等當然有硬件成本，例如員工上班的辦公室租金、數據中心的電費和租金、乃至數據中心內的伺服器都是確實成本。但是這些都是固定成本，不會每增加一位用者，就增加了成本費用。

《人月神話》指出像編寫程式這類有創意成份的工作，盲目增加團隊人數意義不大。反正最重要的突破，還是靠少數有天份的工程師來完成。因此，大型科技團隊人數多，不一定代表項目落實得快。所以連工資這個成本，也和客戶數目和收入不太掛鈎。

下一波的科技發展，人工智能所產生的服務也一樣，成本結構的影響不大。但是另外兩項，包括脫碳行業和人工智能的新機械人，卻是實體產品，需要分析成本結構。在美國，特斯拉成功之外，還有幾家電動車新創企業，但到了2023年末，除了一家Rivian（RIVN）仍有投資者相信能在2024年做到收支平衡外，其餘的就算還未破產，都已經面對巨大信用風險。實體產品就算意念再好，科技再新都好，要成功都需要壓縮成本，就是「量米數鹹魚」，需要逐元逐元計算。

投資科技股，往往並非選擇最好，而是在選了科技（如：新能源）後，篩走「客戶潭」不夠深、收入結構不夠完整、成本結構不夠低的企業，再篩走騙子，剩下來的就要好好保護了。就算篩選之後沒有標的，也不需要氣餒。這也是散戶相對風險投資基金的優勢：基金收了管理費，長期不投資就需被客戶問責。散戶找不到標的，就先不要投資，多等幾個月，總會有機會出現。

什麼科技是假希望？

我們可以先剔除不適合的科技。第一類是出不了實驗室的科技。例如太陽所有能源都來自核融合，如能以之發電，比所有現有科技都方便。但是人類花了差不多一個世紀，還未成功複製技術。又例如2004年實驗室已經製造到石墨烯，但仍卡在量產困難，因此未有重要產品。

第二類轉型失敗，則是舊科技成功反撲。例如串流服務的確方便，在疫情期間取代了電影院。但是隨着世界各地解封，民眾還是喜歡電影院，串流服務不能完全取代，市場份額就有了上限。同樣道理，疫情期間白領都在家居工作，電腦設備和視像會議就大行其道。但是疫情之後，有些公司完全回復全員辦公室上班，有些則變成了混合模式，真的繼續長期完全家居工作反而是少數。因此，家居工作相關服務的增長率又會偏慢。

第三類則是現有體制仍可透過改善提升價值。例如和祖父一輩相比，醫療科技當然進步了不少。但是當中部分是生活習慣或用藥的改變，其他則是現有大藥廠研發新藥。偶然有小藥廠成功，亦甚少是改變全社會的新藥。這類股票並非不宜投資，但卻未必容易找到「十年升十倍」的機會。

當剔除了種種不適合的行業，剩下來的行業就已經不多。再仔細研究有機會的板塊，以及相關企業的策略和管理層，合適的投資標的就更少。而且，一個人的工作生命就只有三四十年，一開始還要建立資本，實際上能投資的周期更有限。畢非德說自己只贏了10次就成為巨富，也許就反映了高回報投資所需的專注度。因此，分散投資到低風險工具，既製造穩定現金流，又降低了投資組合的整體風險，應佔投資組合的大半。但是在高風險的一邊，就應該「鳳凰無寶不落」，集中在少數有潛質的機會了。

這些持股，主要都牽涉分析五至十年的世局變化。當年東亞諸經濟體工業化，幾乎每一個都經歷過黃金十年，在開放初期投資是一類高增值投資。股價能上升十幾倍而又不打回原型的科技股，都面對龐大的整體服務市場 (即客戶潭)，能有效服務全人類，要不就有如手機一樣改變了生活模式，要不就有如網購一樣大規模降低成本。

做個人肉測謊機

近年最紅的長揸派投資者要數巴倫，投資特斯拉賺了十幾倍。他在一兩年前的基金經理報告就回顧了幾次騙子故事。

首先是馬多夫（Bernie Madoff）。馬多夫一度是著名猶太裔基金經理，不少同族富豪及服務猶太人的機構投資者，都有投資其基金。早年以回報穩定，升跌市都有派息而聞名。巴倫就曾向馬多夫請教，但該次見面後，發現馬多夫的策略的確在升市或上落市帶來收入，但卻說不清在跌市時的風險管理。

馬多夫未能說明策略，不一定就代表他在造假。但是後來2008年的金融海嘯，馬多夫的基金倒下去。一查之下發現，原來他的策略根本不行，過去派息只是派發新籌集資金，實際上只是個層壓式金字塔騙案。而壓跨駱駝的稻草，正是巴倫10年前對跌市風險管理的疑問。因此，論述不清也許不代表造假，但正是測謊的第一步。

溫斯坦（Harvey Weinstein）是著名電影人，憑監製《寫我深情》

而贏得奧斯卡獎。1993年他將原來的製作公司賣給了迪士尼，想集資再創業的時候找了巴倫。巴倫事前已經知道溫斯坦的風評不好，公司和個人開支或會不清楚。溫斯坦在會議之中直認了這些問題，但保證已經不會再犯。巴倫覺得溫斯坦的確是電影業奇人，就繼續分析這個投資機會。但最後聽到了其他電影業內人士的評價，就拒絕了這筆投資。巴倫說溫斯坦知道消息後，就來電罵了一場。

十幾年後，有藝人出來指證溫斯坦對他們性侵，事件發酵至超過80人指證，成為了後來「#MeToo」運動的起點。溫斯坦因為性侵入獄，公司雖然已經將他解僱，但仍無法繼續營運，最後破產收場。西方社會接受「私德有虧」的程度遠高於儒家社會，但是亦一樣面對本性難移的問題。

霍姆斯（Elizabeth Holmes）一度是科技界新星，號稱能以一滴血就測試出現代人最關心的幾十種疾病。風頭最盛的時候，她的公司一度估值超過90億美元。巴倫研究該公司，卻又回到了老問題：願景雖好，但是營運數據卻未能追上。而且不少營運細節又是含糊不清，因此巴倫婉拒了投資。一如溫斯坦，霍姆斯亦致電巴倫大罵了一場，說他浪費了她的時間。後來霍姆斯的故事被揭發只是謊言，根本就未有掌握這個技術。她也因為4項向投資者詐騙罪，被判入獄11年半。她公司也因此估值歸零，最後亦要破產。

12.00
0.011
-14.00
-26.00
1194.38
Vol : 635.25 M
56.45
43.38
21.55.
6.57

第四章／操盤實例・散戶也可不倒

本章重點

- 工資是散戶最實在的現金流，以投資組合的佔比來說，反而是機構投資者缺乏的。
- 有了現金流，散戶可以訓練自己的鋼鐵意志，但需要同時分析自己的投資，以持續改善技巧。
- 投資者可以參考幾個真實持倉，以啟發自己的燈塔組合。

4.1 工資是散戶第一優勢

理財專家常說年薪20倍的資產就是財富自由的門檻。因為以年薪20倍的資本組成合理的投資組合，例如本書的基石盤，投資者可以期待每年生產等同工資的現金流。但是同樣道理，散戶也可以反過來將自己工資乘以20倍，就是自己勞力的資本值。例如月薪3萬元，年薪36萬元，稅後也有約30萬元，20倍就是600萬元。雖然這600萬元不能交易，但是這也是投資實力的一部分。按揭除了按樓價計算借貸額，亦會以業主的薪金做壓力測試，其實就是將按揭額和工資掛鈎，實際上是以勞力資本值融資。所以這600萬元也不完全是「心理安慰」，投資者善用的話，還是一項重要資源。

直接持有600萬元，當然比600萬勞力資產值更為靈活，但大家的現金流能力不會相差很遠。就算投資者成功累積資本，達到了上述的年薪20倍的規模，假如不提早退休，600萬勞力資產值還是投資者整體實力的一半，仍然是投資者重要資產。

直至像第一章所述的基金界前輩一樣，又再累積幾年，勞力值佔比進一步減少，變成了百份之二十、三十，到那時候也許已經是大半個家族辦公室了。勞力值佔比百份之二十，資產值就是勞力值的4倍，資本是年薪80倍，也許已經超出了大部分散戶的目標。

所以，對大部分散戶來說，工資這一條現金流長時間是總現金流的重要成份。「多了一條現金流」其實是散戶的最大優勢。機構投資者的現金流主要來自於投資組合，沒有主動能力去增加投資或急速還債。但散戶可以投資工資，在累積期初段，每年由工資支持的投資額，在投資組合的佔比可以很高。例如，剛進入職場的畢業生，假設之前沒有投資的話，第一年的投資額自然就是100%來自工資。這和機構投資者管理四五厘現金流就顯然不同了。

工資需要維持生活，因此投資者能投資的只是工資扣去生活成本後的淨現金流。所以投資者能存下多少資金，就主導了工資能變成多少投資。所有耳熟能詳的技巧，例如為生活費記帳、為生活做預算等，都是整體燈塔策略的一部分。尤其是一些長期費用，例如稍為限制一下各類月費制會員計劃，改善了長期現金流的效果特別明顯。

按計算勞力值的方法，假如省掉一份每月10美元的網上服務，一年就是120美元，20倍就是2,400美元，超過兩萬港元了。換句話說，要維持這10美元月費的服務，就等同投資者需要額外持有兩萬港元的基石盤。因此，每月一百幾十港元的服務看似很容易負擔，但是一資本化之後都是以萬元計算的價值。幾個加起來的話，就是以十萬元計的價值了。

建立了穩定的淨現金流，下一步自然是將現金流導入本書的策略框架。這就離不開逐漸建立基石盤。如果一下子以財富自由的20倍年薪為目標，也許對大部分人來說都太遙遠。因此像麥理浩徑也會分開10段一樣，大家可以設定一個較低的門檻，從而建立習慣。對於35歲以下的讀者，「產生一個月工資的股息」或者就是第一個目標。要投資組合產生一個月工資的收入，以5%折算就是等值約兩年工資的資金。簡單地將資金投資到任何的基石盤組合，每月或每季增持，靠財政紀律大家都可以在幾年內做到。

這兩年工資就是滾雪球的根本。達成目標後，投資者可以繼續慢慢增持。遇到增長機會亦可以建立樓梯盤。畢非德説他的十大持股是五年一遇，意思本來是就算投資者主動尋找，亦要準備好慢慢等。但是反過來，基石盤太小的投資者亦不需要太怕錯失了機會，因此在基石盤仍未成形之時就強求增長。尤其是對年輕讀者來説，放棄一次五年一遇，換成更大的基石盤對長遠發展更好。

和學生討論這類理論，主要疑問都是單靠月供基石所建立的基石盤，能否增長至能負擔本書願景的規模。我們可以計算一下累積「最低要求」的財富自由資產的時間。香港的大學畢業生月薪中位數約為1.5萬元，年薪是18萬元，因此以每月生產1.5萬元為目標，基石盤的首個真正目標就需要360萬元了。

如果以10年為目標，而基石盤做到每年8至10%的長期回報，那麼每月需要的供款為17,500元至19,500元。以新畢業生的工資來說自然是不容易，但是累積幾年的工作經驗後，又或者起薪點較高的專業職種，其實還算是可以達成的目標。所以無論是網上KOL還是前學生，的確又見過幾個實際例子，都在35歲就達到了這個目標。當然，他們都有特別高的自制能力，並非每個人都能複製。

但要留意，每個月供17,500元，10年後的基石盤就能產生每月15,000元的現金流。假如投資者沒有改變跑道，繼續原有的生活模式，那麼用以投資的淨現金流就變成了差不多雙倍的32,500元。換句話說，繼續按原來路徑營運，下一個15,000元的現金流應該在五六年後就出現。這還未計入現有基石盤的自然增長。至此，滾雪球效應就初步形成。

另外，因為來自工資的投資額仍佔了組合現金流的一半，這階段投資者能做到的資產增長率實際上會比持有類似組合的機構投資者更高。不容易做到的，反而是在這個階段，盡力保持來自工資的供款和組合本身資金可以繼續增長。但這就牽涉到投資者的自制能力乃至家族關係等現實問題，變成了平衡需求的問題了。

不同回報率及年期下建立360萬元資金所需的每月供款

	平均每年回報				
	0%	6%	8%	10%	12%
5年	60,000.00	51,598.09	48,995.02	46,489.36	44,080.01
10年	30,000.00	21,967.38	19,677.93	17,574.27	15,649.54

4.2 散戶的鋼鐵意志

本書最原始的內容大綱來自筆者教授的一門大學四年級必修課，課堂中會討論美國州立退休基金的案例。醫療科技一直進步自然是造福社會的好事，但因此而形成的人口老化就影響了整體經濟。老人愈健康，退休生活時間就愈長。傳統退休計劃是確定給付制，機構每月按事前確立的公式發放退休金，直至退休人士逝世。香港的生果金就是一份確定給付制的退休金，任何合資格人士都能一直領取，不過金額較少，往往未能支付長者的全數開支。

退休人士愈長壽，領取退休金的時間就愈長。在退休金機構層面，會員平均壽命愈長，它的開支就愈高。筆者在課堂的案例，就計算了在不同的壽命假設下，某退休基金的潛在支出。基本上人均壽命一超過80歲，該退休基金20年內都一定會資不抵債。有一年，討論到了這點，有位高材生就和同學竊竊私語，說退休基金要去州議會「跪玻璃」了。用語有點不當，但是卻點出了最終的解決方案：退休基金只能要求受益人注資解決危機了。

和散戶相比，機構投資者財力雄厚當然是一大優勢。但是這亦是劣勢，任何支出必須靠機構財政來實現。那位將基金公司轉型成家族辦公室的前輩很早就發現了這點。一個跌浪已經可以令帳面虧蝕自己10年工資，如果跌勢再加劇，他也拿不出補倉所需的金額，這就成了管理大手資金的首要紅線。

正如前節討論，散戶的工資是一大資產，可以加快資金累積。基石盤建立之後，工資最大的優勢就是容許散戶犯錯：只要不借孖展，不炒輪證，其實散戶甚少會輸到破產。前輩也說，現金流就是擦子膠，幾個月的現金流，就可以抵消一個投資小失誤。

機構投資者和他們的顧問評價基金經理，「鋼鐵手」是個不輕易給多的讚美。大家都知道市況兵慌馬亂之時不能自亂陣腳，急跌之時賣盤就往往是低位沽貨，是基石盤最後輸錢最常見的原因。例如2022年底港股跌到14,000點，那時候沽貨，不到一季恒指就反彈了。因此，由「鋼鐵手」操盤，懂得在急跌之時不要放棄，甚至尋找機會，乃是優質投資者的特質。散戶有相對強大的現金流，其實最需要就是鍛煉鋼鐵意志。

擁有鋼鐵意志，部分是明白市場在以年計算的大趨勢之外，還存在着幾周幾月的小趨勢。筆者常說這些小趨勢有如東京的環型山手線，再坐一會又回到了同一站。台灣人喜歡說「神經大條」，指反應不快、行事不夠細心的傻大姐。但是神經夠粗夠大條，不容易為市場訊息影響，投資反而能夠更穩定。

當然，勇敢和有勇無謀只是一線之差。散戶可以訓練鋼鐵意志是因為容錯率較高，但是犯了錯也必須要加以分析，以求改進。分析錯誤卻是散戶的弱點。但凡科學實驗，先要確立理論，再形成實驗假設，才可以和實驗結果比較，試出假設是否合理。因此，散戶要準確分析投資成果，也需要先有預期。

筆者2023年底曾為客戶做年終總結，以下表格就是分析成果。

	本年成功之處	本年不足之處
基石盤	• 基石盤的個股及ETF價格穩定，不計股息的股價回報由負5%至正10%。全組合的股價回報為正3% • 我們將閒置或準備派發的資金存為定期存款，因此年度現金流增加了HK$[x]。唯此舉乃單一機會，不預期可發展為長期收入	• 股息總收入低於預期約8% • 股票A今年決定不派息 • ETF 1 及ETF 2 皆因當地經濟趨弱，派息有所減少
樓梯盤	• 股票一的年內反彈超過一倍；長期預期的企業發展逐步在年底落實，未來兩年業績能有所反映	• 股票二的股價進一步下跌，不過企業收入增長合乎預期。年中該企業亦以可換股債券集資，財政狀況更趨穩定 • 股票三及四因為當地股市弱勢，仍處於等待期；唯股票四在年末加派了特別息，是我們當初投資所希望
支出規劃	• 各項節省成本計劃進程順利，一共省下了[x]元；並已經投入基石盤之中	

來源：筆者上呈客戶文件

上面的分析其實非常簡單，只是一張投影片，討論時間也不過10分鐘。但是假如年初沒有設下目標，那麼根本就無從分析，也就不知道如何改進。當然，股價上落難以估計，投行每年出版的也只是目標價，甚少會估中翌年年底的股價。但是我們還是可以頗為準確地估算基石盤的其他目標。

1. 股息和利息收入。基石盤的股票和ETF大都有一定歷史，不做完整的計價模型，都可以估算出來年股息。一開始經驗不足的時候，可用去年的每股派息做基礎，乘以持有股數，就是倉位來年派息。債券和定存的利息收入就更容易計算。

   到了年底，自然可以和實際成果比較，看看誤差有多遠，求再後一年有所改進。有了兩三年的業績後，更要分析這個現金流的增長速度是否合乎預期。

2. 樓梯盤等待的變化。資源轉換投資就是等待派特別息、落實或增大回購計劃、以及出現收購合併提案等事件。科技股則在等技術突破、藥物測試過關、或新產品應市等，都是實際事件。

   年底分析，首先是這些事件有否發生。如果發生，股價有否反應。有反應的，就要問要否因為投資論述完成而售股；沒有反應的，就是問是市場反應滯後，還是自己的投資論述其實對企業影響不大。

如果還未發生，則再分析明年或後年發生的機會率。如果是科技研發，企業有沒有公布一些中期里程碑，證明計劃在推行？如果是收購合併，一年後的今天收購的可能性是更大還是更少？

3. 工資等投資以外的收入。投資以外的收入，自然並非投資組合所能影響。但是仍需要計算，以了解未來幾年，每年有多少現金會滙入投資組合。

4. 支出規劃。支出規劃也非投資組合所直接影響。但最少這是投資者可以管理。由記帳開始，再到預期自己的開支，一般都是控制開支的一部分。而且，這是愈年輕愈應該開始管理。還住在父母家裏，工資就是支持自己生活，開支類別較少，帳目就很簡單。此時開始有了習慣後，將來生活開支種類增加，更改記帳系統也遠較到時才開始容易。

4.3 如何具體執行屯田策略

投資樓梯盤，第一規條就是「贏谷輸縮」，持股真的碰上了大升浪，應該堅持持倉，由之繼續上升，因此有時會打破了整個組合的平衡。到底什麼時候「下車」就成了學問。下面收錄了一個由真實例子稍為修改後的教學案例，投資者突然發現自己的風險持股，變成了總資產三分之二。

黃先生資產列表

	2022年12月31日的價值
盈富基金（02800）	約250萬元
其他港股	約200萬元
標普500指數基金	約400萬元
富時100指數基金	約200萬元
自用住宅	價值約1,500萬元， 但仍有約500萬元按揭
現金、存款證、 人壽保險等其他資產	約300萬元

黃先生是位專業人士，加上投資得宜，在過去的20年中累積了一個可觀的證券投資組合。以上是他的資產列表，總值約2,350萬，當然已經算是很不錯。

另外，在2018年時候，他購買了等值200萬港元的特斯拉（Tesla）股票，在2021年科技股浪頂，這筆股票價值5,000萬，是他其餘資產的兩倍。2022年大跌市，該筆股票一度跌至1,400萬，但仍佔總資產的四成。到了2023年底，隨着美國科技股上升，倉位又回升到接近3,000萬，是總資產的六成。

黃先生的Tesla倉位價值

	計入拆股股價（美元）	折合現股數	總值（美元）	總值（港元）
2018年平均買入價	18.88	15,000	283,200	2,208,960
2021年高峰	414.50	15,000	6,217,500	48,496,500
2022年末接近谷底	123.18	15,000	1,847,700	14,412,060
2023年末股價	250.00	15,000	3,750,000	29,250,000

註：股數及歷史股價為計入兩次拆股後的現股數等值　　來源：黃先生，彭博

這是前章提過，屯田制和滾雪球的最大分別。在屯田制下，創立現金流（屯田）和追求股價暴升（打仗）是陰陽兩步。因此，真正成功的樓梯盤，就自然會大幅跑贏基石盤，變成總資產的一大部分。早年畢非德都會容許這些單一倉位暴升至全組合的三四成以上。所以黃先生的情況，雖然不常見，但正是策略成功典範。

反而現代機構投資者甚或共同和對沖基金因為法規監管和基金始創文件的限制，往往有每隻股票的持倉上限。特斯拉上升了四五成，基金經理就需要削減持股，以限制倉位在組合的總佔比。削減倉位的目的是降低風險，但就一直縮小了後續的升值潛力。而且，前一章討論基石盤的整體配套，假設了幾個指數倉位的長期回報類同，因此輪流月供或月供上季度輸家等策略就合理。但是樓梯盤就是為了持有最有表現的股票，賣了冠軍倉就自然要將資金買入非冠軍了。彼得林治對此的評語就是「剪掉花朵，灌溉雜草」。

因此，投資者並不需要急於將全組合撥回八二比例，不過也需要在股票暴升之後考慮後着。首先當然是考慮增長論述是否完結了。今天願意長期持有特斯拉，早已不是只為了電動車業務，而是他後面的能源業務、自動駕駛業務、乃至機械人業務。當中部分如能源業務已經看到實在基礎，只是收入仍只有電動車業務的一兩成，未足以改變現估值。其他如自動駕駛和機械人業務，則仍在研發階段。

而且，雖説馬斯克已經連續成功創業了好幾次，但是下一次是否成功總是個未知數。再加上他的健康、各國監管制度演化、乃至其他所有大大小小風險，都可能降低下一波繼續成功的機會。因此，現在仍大量持有特斯拉的投資者，都願意接受這些風險。我認識另一位持重倉的朋友，甚至找到了馬斯克的八字，指出他現在的大運由2019年一直到2029年，而馬斯克成為世界首富是今個大運之內發生，因此他放心未來幾年特斯拉的狀況。分析八字當然是迷信，但也是一個側寫，説明長揸派投資者到底最關心什麼。

如果樓梯盤的故事未完，當然可以持續持有，但如果像黃先生這樣，本來資產屬小康規模，也許出售一部分特斯拉以建立完整的基石盤可能更長治久安。課堂用的案例講義亦列明黃先生已婚，有一個5歲的兒子，與妻子目前各有每月7萬港元的工資收入，因此1,000萬的基石盤，增加的現金流約五六十萬，等於增加了大半份工資，並非不吸引。

不過，樓梯盤贏得最漂亮的是企業成長到業務成熟，因而開始定期派息。而且就算公司只派一厘股息，因為股票升值了好幾倍，以我們投資者的成本計，派息也有好幾厘。在這狀況之下，假如再加上股票仍有一定的增長前景，也許這隻高增值股票也能算入基石持盤了。也許這是一種「玩程序」，只是我們將倉位改稱基石倉，就忽然合乎了八二比例，還新增了空間再多容納一隻樓梯盤。

現階段的特斯拉玩不了這個遊戲，但是現時全球第二富有的是LVMH的控股家族，而LVMH的股票在過去5年上升了3倍，過去10年則接近10倍，其實亦合乎本書尋找的樓梯盤。該企業的派息率只有1.6%，還要交股息税給法國政府。但是這類股票就合乎轉倉概念，可以當做基石股繼續持有了。

4.4 兩年學習一個策略

基石盤的策略是「以拙勝巧」，因此像數獨一樣，有個合理答案，大家的持盤不會相差很遠。但是樓梯盤就要捕捉市場變化，因此策略多如繁星。當然當中不少策略可能理論漂亮，但是難於執行；有些有可能只是機緣巧合，市況一變就從此失效；更多則可能像星相玄學，信者恒信，但理論基礎若有若無，甚至無從實驗真偽。

上章提供了3個甄別樓梯股的策略，筆者算是有所涉獵，所以可以向讀者解釋這些策略的深度。另外也是一個例證，其實增長策略的數目不用多，反而每個策略的深度才是致勝因素。曾有一位感情很好的老前輩，早兩年移民之前跟我吃飯，也是討論了如何捕捉這些增長機會。他說他不可能看到將來具體會出現什麼機會，但他的建議有兩點。

第一，兩三年才學會一個新策略，其實已經完全可以駕馭市場變化，千萬不要貪多嚼不爛。突然成功的新策略或新板塊時有出現，先考慮不少策略都只是單響炮仗，今年贏了之後，未來增長未必可以持續。再要考慮投資者自己的性格和投資組合的狀態，像對沖或私募基金的各種槓桿策略，散戶投資者未必能學。以兩三年一個策略為目標，就是一種鴿洞策略，只選擇最有把握的。

第二，選定策略之後，每個新策略都應該長時間研究，別太早放棄。有朋友本來一直是股票類的基金經理，後來因緣際會之下，必須兼顧一個輪證倉。據他事後憶述，雖然事前已經拿到了公司歷年的交易紀錄和估值模型，也由最正統的課本到最散戶的視頻都看了不少，但是頭幾隻期權其實也是交易錯了，中了不少陷阱。但因為騎虎難下，只好向身邊的朋友，如投行的衍生工具部門交易員等，慢慢請教，再分析自己的過去交易，慢慢領悟出道理。到了現在該策略績效穩定，就變成了他們公司另一門賺錢生意。

太太的公司一年前做了一次慈善步行籌款，在指定兩周之內，按各人手機上的總步數捐款。我陪她步行了兩周後，就開始自己每天都步行，由一開始每天6,000步，慢慢加到現在的一萬步。一開始怕工作忙碌，就會在周末走兩三天的步數。但是這樣不規則地走，反而變數更多，也更難於管理。而且某天記錄了兩萬步，第二天身體亦捱不住，往往工作不算太忙，還是放棄了不能走，又或者搞亂了身體的化學平衡，需要吃大量食物填補。不過，這個模式就會做高「最高的單天步數」等數據，短期看似為健康做了很多功夫。

這有點像短炒。從事基金業務二十多年，當然我也試過買入一隻股票，數周後就出現被收購等突發新聞，股價上升了幾成。這種暴升帶來快感，也夠基金經理在同儕間吹噓一兩年，甚至是會見客戶時候的開場白，以營造「我很聰明」的印象。但是實際上，就算是當年業績，暴升故事能貢獻1%的跑贏率已經很不錯。除非事後再研究暴升股如何發生，再化為刻意為之的長期策略，否則單次的暴升故事亦鮮能影響基金的長期走向。

後來我發現，步行一萬步的重點還是持之以恒。與其忽多忽少的不固定步行，倒不如每天在指定時間完成目標。其實也沒有花太多時間，在一兩個月後身體習慣了，就可以每兩周加一次步數，一年就成了每天一萬步的習慣。而且，該程式在步數之外，亦有記錄運動時間和卡路里消耗狀況。以每月為單位，反而是持之以恒的進度更多。

要尋找新投資流程或分析技巧，最快的方法就是多揣摩前輩的策略。有謂每個人的能力，就是身邊朋友的平均值。投資卻是參加者眾，成功者寡，因此參詳成功者的策略，必會有所裨益。香港在七八十年代亦出現幾波收購戰，要了解資源轉換策略，最好的教材就是熟讀該段歷史。例如，之前提過，太著名的投資者開始入股潛在收購標的，其他投資者或會跟風入市，炒高股價。當年李嘉誠在收購和黃之前，亦有類似經驗，最終稍賺離場。

另外，當然是廣泛閱讀相關資料。筆者剛進入金融業的時代，曾拿到了一份書單，有三五十本傳記式著作，都是當年的經典案例。像收購合併戰，除了上述香港自己的金融史之外，《門口的野蠻人》亦是好案例。《極盜戰》則討論當年成就了槓桿收購潮的高息債，以及由此衍生的內幕交易醜聞。

近年的書單就更長，在此也不贅述。但是很多書其實是金融通識，掌握後可以更好分析經濟和個股，但卻非直接的投資策略。要參詳投資策略，以下幾位前輩對筆者的策略思考影響最深。

1. 畢非德

值得向畢非德學習，自然是因為他的投資結果優越。但更重要的是他善於溝通，自1957年他的基金開業以來，就有每年撰寫投資報告的習慣。早年的基金信件不容易在網上的公開資料找到，但是在圖書館及其他典藏還是可以拜讀。1995年後的巴郡股東信則公開在巴郡網站可以找到。資訊如此密集，其實最好的學習方法就是「滲透法」，盡量多看多聽，讓他們的想法慢慢影響自己。

2. 羅恩巴倫

巴倫亦是長揸派，但是他更傾向長期持有處於擴張期的企業。近年得意之作就是持有特斯拉，見證了特斯拉業務急速擴張，股票一拆再拆，長期持有倉位爆升十幾倍。巴倫的基金公司亦有上載近三年的季度報告，每份都有巴倫的致投資者書。另外巴倫亦有不少傳媒訪問，部分長達半個甚至一個小時的訪問都有足本版。

因為同屬長揸派，巴倫的想法往往和畢非德有所重疊。但又因為巴倫主力投資處於擴張期的企業，因此巴倫口中的企業護城河，又和畢非德的想法很不一樣。閱讀巴倫的想法，主要目的就是觀察標的改變後，分析框架是如何微調。

3. 侯活馬斯（Howard Marks）

馬斯是 Oaktree 的創辦人，以投資高息債券聞名。投資高息債必然保守，因為本份做足了，最佳結局也就是持有的債券沒有破產。而且同級債券之間的價差以基本點計算，投資較差的企業而真的破產了，幾十個基本點的額外回報也補償不了本金虧損。

馬斯長年會不定期撰寫公開信，二十餘年來的公開信都仍在公司網站上面。十年前他又將想法集結成書。他偏向相信企業層面分析，認為研究清楚持有證券的企業狀況遠比其他層面的分析重要。

到了今天他仍有撰寫信件，因為不太定期，因此反而只有他有話要説時候才會寫，就更字字珠璣了。

4. 馬丁偉民

第一節將收購合併、現金派息等策略稱為資源轉換就是這位馬丁偉民，他創辦的基金到他退休的時候有32億美元資產。資源轉換策略在他的《攻守兼備：積極與保守的投資者》有詳細論述。

除了以上4位之外，當然還有很多其他著名投資者，例如彼得林治以及本地的謝清海等。一談價值投資、長期持倉等策略，大家首先想起畢非德本來是無可厚非，畢竟畢非德的成績長期亮麗，寫作和公開資料又多。但畢非德也是人，成績再亮麗，也有他個人偏執之處。長期持有哲學是他長期提倡，他的操作流程固然是經典案例，但其實值得參考的前輩數目很多，其他人的性格不一樣，面對的環境也有異，因此操作流程亦有分岐。分析不同成功投資者的策略異同，也許就能啟發自己。

4.5 實際的3個持盤案例

以下會討論幾個真實持盤，都合乎本書的燈塔策略。這3個組合，第一個來自正式組建了的家族辦公室，第二個是個人投資者，第三個則是金融業前輩，以金融機構的知識經營自己的資金。三者經歷不同，但是基石盤的成份大都差不多，甚至有不少重疊的持股。這是基石盤的趨同演化，大家的需求差不多，交易也不太頻密，組合結果也差不多。這對各位讀者最大的啟示應該是：基石盤有如數獨，答案不難找，而且找到了之後，也不太需要經常改變。

但是幾個組合的樓梯盤卻很不一樣，有單獨持有科技股，有持有QQQ以免「忘記上車」，也有完全超越本書討論範圍的炒輪炒證。這也是本書第三章的要點：重點是找自己有優勢的投資方法，必須是個人化。但是這些都符合廣義的燈塔策略，就是因為在基石盤的穩定之下，這些高風險策略贏了固然可喜，輸了也有險可守，能靠基石盤再累積資本。

另外，人家真實持盤的倉位佔比自然不會是整數，部分出入也純粹是操作的偶然。因此，下面我們都做了四捨五入處理，一方面減低所披露的數據，另一方面也讓讀者更容易看到組合的理念。

1.「傳統」燈塔組合

這個組合來自一個本地家族辦公室，因為長期服務他們，也見過了幾次換馬。他們的基石盤，主要都是各地的指數ETF，例如IUKD和VHY兩隻本書討論了數次的高息ETF。VOO 是美國標普500，還有盈富基金，就是投資者長期持有美股和港股的方法。另外，他們也持有10%的房託，不過因為沒有全球房託ETF，美國股息稅又重，因此就集中到英國和澳洲的房託ETF。每季的淨現金流，就大致平均投入了這些倉位之中。

在基石盤，2023年他們主要的交易就是逐步買入電能實業，因為由高息期進入息口持續高企的高原期，他們也不太擔心股價繼續滑落，但如果減息期來臨，電能實業或會上揚。購買電能實業的資金，主要來自逐步賣出輝達。

另外，值得留意是盈富加電能實業，再加上其他港股，投資者在香港的比重約為兩成。這和機構投資者的地域分散的組合類近，也因為這兩年來港股表現跑輸了其他股市，所以在2023年末，比重也就變小了。

而樓梯盤就主要以美國科技股為主。家族認為亞洲當然不會缺乏科技股機會，但是美國科技業競爭劇烈，像2023年炒作的人工智能概念，在一年之間就有四五個同級的系統出現。作為股票投資者，選擇較多，也更容易出現價格錯誤。

輝達是2022年入股，取代了持有差不多10年的亞馬遜。輝達在2023年股價上揚了4倍，家族也判斷輝達由這個基礎再以倍數增長的機會逐漸降低，也就以屯田策略，將部分輝達換成電能實業。持有特斯拉亦有幾年，因此以成本計，這個倉位已經上升了好幾倍。現時持有特斯拉，主要是等待自動駕駛、人型機械人等下一波產品。

其他我聽過他們討論過，而最後沒有進場的倉位，包括了保留亞馬遜和買入成功研製減肥藥的禮來公司。

某家族的持盤（2023 年第三季；四捨五入後的佔比）

	代號	類別/名稱	比重
基石盤	IUKD	英國高息股	10%
	VHY	澳洲高息股	10%
	VOO	美國標普500	15%
	00006 HK	電能實業	10%
	VAP	澳洲房託	5%
	IUKP	英國房託	5%
	02800 HK	盈富基金	5%
		其他港股、各項基金等	5%
樓梯盤	NVDA	輝達	25%
	TSLA	特斯拉	10%

2. 環遊世界盤

第二個示範組合規模較小，投資者也沒有太大意欲去逐隻研究科技股。根據投資者的説法，他要的組合是「環遊世界組合」，就算他去了幾個月環遊世界，組合仍會自行「工作」，產生應有的回報。有次這位投資者説，最有感覺是有時候早上睡醒，想到了持有的股票所屬企業又工作了一天，累積了一些股息，就會覺得有安全感。

其實這位投資者的基石盤和之前家族有不少重疊，例如都有IUKD、VHY以及本地基建股。不過亦因為這些都是真實持盤，總會經歷不同的演化過程。例如這個組合的港股佔比更高，連同其他港股和定存等資產，佔了一半以上。這是因為這個組合屬於個人，從來沒有經歷家族辦公室成立伊始的策略大辯論，因此海外資產都是逐步買入。

這位投資者就是在2020年大手買入滙豐的一位，到現在就換了一部分成兩隻海外高息ETF。另外，因為投資者不願意慢慢研究樓梯盤，就買了追蹤納指的QQQ，理由就是只要矽谷仍在，QQQ的長期表現就不會差。

至於VMID是英國富時250指數基金，代表了當地市值排行第101到第350位的企業，也是希望這些第二梯隊之中，會有公司在五年十年的時間軸內跑出，變成增長。這位投資者有兒女移民了英國，因此有少量資金投資到英國增長股，也屬對沖的一種。

某投資者的環遊世界盤（2023年第三季；四捨五入後的佔比）

	代號	類別/名稱	比重
基石盤	01038 HK	長江基建	10%
	00823 HK	領展	10%
	00005 HK	滙豐	10%
	VHY	澳洲高息股	10%
	IUKD	英國高息股	10%
		全球房託基金	15%
		定存、iBond等	10%
樓梯盤	QQQ	納指ETF	20%
	VMID	英國富時 250	5%

3. 炒房基石盤

這個組合來自一位金融業前輩，退休後仍以基金手法經營自己的資金。又因為前輩在香港有不少地產資產，因此港股佔資金比例就很低，只有一隻電能實業。而且因為前輩也是行內人，所以雖然也採用了大量指數ETF，但是指向性比較強，例如在澳洲就單單持有追蹤當地房託的VAP，基本上放棄了當地的資源股和銀行股。美國則選了非必需品零售和通訊服務兩個板塊ETF，只佔了標普500指數十一個板塊之中的兩個。

TLT是美國20年以上國債基金，在2023年第三季持有是因為到了減息的時候，愈長年期的資產的升幅就愈快，也許是增長心態，但亦有不俗派息，是基石盤的好選擇。總括而言，前輩的基石盤有他自己的見解，因此和其他基石盤的持股也有點分別，但是理論基礎還是一樣：以大量ETF穩定表現，提供現金流。

這個組合最特別之處，當然是它沒有直接持有增長倉位。這是因為這個投資組合提供了信用值，前輩能以這個組合進行各種衍生產品交易。這才是他的老本行，所以筆者稱這個組合為炒房基石盤。前輩炒作衍生產品的盈利，則會再購入基石盤。基石盤當然亦會按前面章節所述的增長，因此當基石盤慢慢壯大，前輩的衍生產品交易的金額亦隨之增長。以基石盤每年10%增長計算，七十二法則之下，7年後基石盤就增加一倍，前輩一模一樣的衍生工具交易就能放大一倍，盈利也就增長一倍了。

炒房基石盤（2023 年第三季；四捨五入後的佔比）

	代號	類別/名稱	比重
基石盤	00006 HK	電能實業	15%
	VAP	澳洲房託	25%
	XLY	美國非必需品零售ETF	20%
	XLC	美國通訊服務ETF	20%
	TLT	美國20年國債基金	15%
		新加坡、日本等地股票	5%

4. 40歲的強積金戶口

上面的幾個例子，都是一些完全建立的燈塔組合。坦白説，只要樓梯盤或衍生產品的風險受制，這些投資者已經處於不敗狀態。下面的例子卻是未完成燈塔策略的朋友，也許可以給各位更多啟示。

滾雪球理論愈來愈神化，但其實背後就是投資耐性。最近為兒時玩伴做了一次無償財務顧問。與大部分香港人一樣，她也是20年職場生涯轉了幾次工，有好幾個強積金戶口。我一開始只是建議她將這些戶口整合成一個戶口以方便管理，結果幾個戶口加起來總資本已經接近100萬元。這當中有部分是歷年的累積回報，但也有一部分是因為她曾為某外資企業工作了幾年。

該公司為了鼓勵員工儲錢，在強制供款之外，企業也為員工的額外供款提供一比一的額外供款。朋友那幾年現金需求不大，就額外供款到企業願意對比的上限。中間又有升職加薪，因此幾年下來，這筆自願供款的強積金就佔了她那100萬資本中的三成以上。

朋友今年40歲左右，距離退休年齡還有25年。如果買最簡單的全球股票基金，長期回報能接近各大指數的平均8%至10%，這100萬已經能滾出她的退休金了。根據七十二法則，8%回報能在9年時間令投資翻倍，27年就翻3次，變成8倍回報，將她現有的100萬元在退休時候變成800萬元。屆時領了800萬元出來，買5%股息的高息股、高息股基金或房託等資產，每年就能產出40萬元現金流，雖然未必能支付退休後的所有開支，但是也大大減輕了財政壓力。

因此，我的建議很簡單，就是以不變應萬變，繼續投資在全球股票基金。香港強積金沒有像澳洲、美國那樣完全自由化，不能在強積金買賣個股；又不像新加坡強積金那樣，可以借出來做買樓首期。但是沒有選擇就沒有煩惱，反而可以依照學院派的組合理論，分配到全球市場，靠異常「沉悶」的8厘回報累積退休金了。

強積金戶口的基石盤

	類別/名稱	比重
基石盤	美國股票基金	35%
	歐洲股票基金	25%
	亞洲股票基金	20%
	香港股票基金	20%

後記：簡單就是美

由收到書約到撰稿這半年，是終於捱到疫情結束後的夏天。每次疫情或金融危機後，能生存下來的企業都會重新審視業務，變革以適應新常態。我公司也一樣。當年創業伊始，自然會嘗試很多，當中有些業務很快就放棄，但也有業務發展遠快於當初估計。因此，疫後重組業務，對我們來説就是簡化：集中處理能產生現金的業務，拋棄一些盈利不多的業務。尤其是有些行規一定要做的工作，發現放棄之後「退一步海闊天空」，反而省下了更多時間，集中發展有潛力的項目。

以前專欄也寫過投資者可以效法近藤麻理惠的收納法。近藤麻理惠提倡每件雜物都問自己它是否仍帶來快樂。答案否定的話就應該放棄。投資者也應該每年定期逐隻股票問自己，該隻股票的投資主旨是否仍然存在，沒有主旨的就應該放棄。2023年對筆者也有一樣的啟示，無論業務、客戶、還是投資操作流程都是會慢慢累積。經濟擴張時，也許策略還可以是一直擴張規模來處理，但其實更重要的也是要問這些業務是否有理由存在，沒有確切理由就應該放棄。

處理投資組合也一樣。坊間的分析框架和投資流程都很多，在圖書館可以堆滿一個書架。但是筆者有幸接觸長治久安的投資者，發現雖然大家的作業流程都不一樣，但是每個人或每個機構的流程都很簡單。也許這才是本書的重點：投資在乎的是資金和時間，之後就是每個策略的專注度，而非花費的工夫。

無論古典所說的「勤有功、戲無益」，還是現代的「內捲」，都推崇勤奮。但投資者更需要退後一步，從大局看才能看到工夫應用到什麼地方。基石盤製造現金流，提供了安全感之餘，就給投資者時間，可以集中精神處理樓梯盤了。

作　　者　　楊書健
編　　輯　　劉在名
設　　計　　趙子誠，柯錦榮
文字協力　　張錦文
出版經理　　李海潮
圖　　片　　Shutterstock
圖　　表　　信報出版社有限公司

出　　版　　信報出版社有限公司　HKEJ Publishing Limited
香港九龍觀塘勵業街11號聯僑廣場地下
電　　話　　(852) 2856 7567
傳　　真　　(852) 2579 1912
電　　郵　　books@hkej.com

發　　行　　春華發行代理有限公司　Spring Sino Limited
香港九龍觀塘海濱道171號申新証券大廈8樓
電　　話　　(852) 2775 0388
傳　　真　　(852) 2690 3898
電　　郵　　admin@springsino.com.hk

台灣地區總經銷商
永盈出版行銷有限公司
台灣新北市新店區中正路499號4樓
電　　話　　(886) 2 2218 0701
傳　　真　　(886) 2 2218 0704

承　　印　　美雅印刷製本有限公司
九龍觀塘榮業街6號海濱工業大廈4字樓A室

出版日期　　2024年3月　初版

國際書號　　978-988-76644-7-5
定　　價　　港幣168 / 新台幣840
圖書分類　　金融理財、工商管理